史上最強の投資家

バフェットの財務諸表を読む力

WARREN BUFFETT
AND THE INTERPRETATION OF FINANCIAL STATEMENTS

大不況でも投資で勝ち抜く58のルール

メアリー・バフェット＆デビッド・クラーク
Mary Buffett & David Clark
峯村利哉 訳
Toshiya Minemura

徳間書店

WARREN BUFFETT
and THE INTERPRETATION OF
FINANCIAL STATEMENTS
by
Mary Buffett & David Clark

パティ・ハンセン・クラークの情愛あふれる想い出に捧ぐ。

ネブラスカ州オマハのフェニックス学習アカデミーの創始者であるパティは、学習障害の子供たち2000人以上に読み書きを教えてきた。

フェニックス学習アカデミーについての詳しい情報は、www.phoenixacad.com を参照されたい。

はじめに――財務諸表を読む力こそ超リッチへの鍵

ウォーレン・バフェットは、世界で最も成功した投資家であり、いまや世界で最も偉大な慈善家でもある。彼とわたしの間柄は、義理の父と娘。一九八一年から一九九三年までの12年間、わたしはウォーレンの息子ピーターと結婚していたのだ。

いまでこそ世界に知られるウォーレン・バフェットだが、一九八一年当時はまだ無名の存在だった。しかし、ネブラスカ州オマハにあるバフェット邸には、ウォーレンを師と仰ぐ勉強熱心な人びとがひんぱんに出入りしていた。

〝バフェット学の徒（バフェットロジスト）〟を自称する彼らの目的は、巨匠その人から直接、投資の極意を学びとることだった。このときに知り合ったバフェットロジストのひとりが、なにを隠そう、本書の共著者デビッド・クラークである。

デビッド・クラークは最大級の成功を収めたバフェットロジストと言っていいだろう。彼は当時、ウォーレン・バフェットの叡智《えいち》をノート数冊にびっしりと書き留めていた。そして、何度読んでも飽きないこれらのノートは、のちのち、わたしと彼が一連の投資本を執筆するさいの礎《いしずえ》となってくれた。

幸いにも、わたしたちの著書『史上最強の投資家バフェットの教訓』や『バフェットロジー』、『億万長者をめざす　バフェットの銘柄選択術』、『麗しのバフェット銘柄』はいずれもベストセラーとなり、現在ではヘブライ語、アラビア語、中国語、ロシア語を含めた17カ国語で出版されている。

『史上最強の投資家バフェットの教訓』が大ヒットしたあと、わたしはバフェットが最高経営責任者を務める投資持株会社〈バークシャー・ハサウェイ〉の二〇〇七年度の株主総会に出席した。そこでデビッド・クラークとばったり出会い、わたしたちはいっしょに昼食をとりながら、投資分析の歴史について議論を交わした。

デビッドが指摘したように、一九世紀末から二〇世紀初めにかけての投資分析が主眼を置いていたのは、債券を分析する場合と同じく、企業の支払能力《ソルベンシー》と収益力の算定だった。ウォール街の長老でウォーレン・バフェットの師でもあるベンジャミン・グレアムも、一般の株式を分析するさいには、この債券分析の手法を採用していた。

しかしグレアムは、競合他社にたいする長期的競争優位性を持っている企業と、そうでない企業との区別をしなかった。彼が興味を抱いたのは一点のみ。すなわち、株価暴落の原因となるような経済トラブルが発生したとき、あるいは大不況におちいって市場《マーケット》そのものがダメージを受けたとき、危機から脱出するための充分な収益力がその企業にあるかどうかだった。

グレアムは、株を長期保有する気がまったくなく、2年で株価が上がらなければさっさと手放してしまった。もちろん、彼は大富豪行きの船には乗ることができた。しかし、ウォーレンとちがって、世界有数の大富豪行きの船には乗りそびれたのである。

グレアムのもとで投資の修行を始めたウォーレンは、師匠が見過ごしていたある事実に気づいた。それは、競合他社にたいする長期的競争優位性を持つ企業には、とてつもない富を創出する経済性が潜んでいるということだった。このような素晴らしい企業の株を長く保有すればするほど、より大きな利益が株主に転がり込んでくるはずだ。

おそらくグレアムは、そのような優位性を持つ超優良企業の株価はどれも高くなりすぎていると反論しただろう。しかし、ウォーレンに言わせれば、市場が超優良ビジネスを過小評価し、バーゲン価格で投げ売りするのを待つ必要はなかった。極端な安値で手に入れなくとも、適正な評価額で買っておきさえすれば、ゆくゆくは、超優良企業は超リッチになる可能性を提供してくれるからだ。

ビジネスの長期的競争優位性を見定める過程で、ウォーレンは超優良企業の判別に役立つ独自の分析ツール群を開発した。これらの分析ツールは、旧来のグレアム的な考え方をもとに、ウォーレンの新しい物の見方を反映させたものだった。ウォーレンはこの手法を用いて、対象企業が直面する諸問題や景気の波を切り抜けられるかどうか、対象企業が長期的競争優位性を持っているかどうか、そして、対象企業が自分を超リッチにしてくれるかどうかを見きわめてきたのである――。

デビッドとの昼食が終わる間際に、わたしはこう尋ねた。ウォーレンが開発したこの分析ツール群を利用すれば、企業の財務諸表を読み解き、超優良企業を見分けるためのガイド本ができるのではないか?

わたしの頭に思い浮かんだのは、簡潔でわかりやすい手引書の構想だった。その本をひもといた投資家は、企業の財務諸表の読み方を理解し、ウォーレンと同じように優良ビジネスを選ぶことができる。その本は、貸借対照表や損益計算書を説明するだけにとどまらない。それは、ウォーレンのように長期的競争優位性を持つ会社を探したい場合、財務諸表のどこをどう見ればいいかを説明するものだ。

デビッドはすぐさまこのアイデアに賛同してくれた。そして1カ月後には、わたしたちは互いに本書の各章の原稿を交換するようになっていた。

わたしたちの願いは、あなたがウォーレンと同様の飛躍的進歩を経験するとき、本書の内容が少しでもその役に立つことである。本書を読んだあなたは、旧来のグレアム式バリュー投資モデルから自由になれるだろう。また、永続的な競争優位性を持つ企業には、長きにわたって莫大な富を創出する力がある、という事実を発見することができるだろう。

その結果、あなたはもはやウォール街の巧妙な人びとに惑わされず、ひんぱんな売買と高価な手数料という呪縛から解放されるはずだ。そして、世界じゅうで増えつつある賢明な投資家層に仲間入りするチャンスをつかみ取れるはずだ。ウォーレン・バフェットという伝説的な大投資家を手本にして、信じられないほどの財産を築きつつある投資家層の仲間に――。

メアリー・バフェット

史上最強の投資家

バフェットの財務諸表を読む力

大不況でも投資で勝ち抜く

58のルール

目次

ブックデザイン●熊澤正人＋中村　聡（パワーハウス）

Chapter 1

バフェット流利殖術の要諦

『あなたは会計を理解するだけでなく、会計の行間に潜む機微を理解する必要がある。会計はビジネスの共通言語だ。言語として完全とは言いがたいものの、会計を学ぶ努力をしないかぎり、そして財務諸表を読んで理解する努力をしないかぎり、自分で株の銘柄を選択することなど夢のまた夢である』

――ウォーレン・バフェット

No.1

ウォーレン・バフェットを世界一の金持ちにしたふたつの大発見

一九六〇年代半ばごろからウォーレン・バフェットは、彼の師である偉大な投資家アドバイザー、ベンジャミン・グレアムの投資戦略に疑問を感じはじめた。そして、じっくりと戦略を見直していく過程で、どのような企業が最良の投資先となり、長期的に最大の収益をあげてくれるか、という点についてふたつの重要な発見をした。

この結果、ウォーレンは従来使用していたグレアム式バリュー投資戦略に変更を加え、世界が見たこともない偉大な投資戦略をつくり上げていったのだった。

これからの章では、ウォーレンのふたつの発見を深く掘り下げていきたい。

ひとつ、永続的な競争優位性を持つ優良企業をどのように見分ければいいのか？

ふたつ、永続的な競争優位性を持つ優良企業をどのように評価すればいいのか？

そして、彼のユニークな投資戦略が機能するしくみだけでなく、彼がその戦略を実践に移すさい、どのように財務諸表が活用されているかを説明していきたい。そう、この実践こそがウォーレンを世界一の金持ちにしたのである。

No.2
ウォール街は動くことで金が転がり込んでくる。あなたは動かないことで金が転がり込んでくる

ウォーレンの発見を理解するには、ウォール街の性質と、ウォール街の主役たちの性質を理解しておかなければならないだろう。ウォール街は投資にかんするさまざまなサービスを提供しているが、過去200年間、投機家の皮をかぶったギャンブラーたちのために、巨大カジノとしても機能してきた。投機家たちはウォール街を通じて、株価が上がるか下がるかという博打《ばくち》に、大金を賭けることができるのである。

昔日のギャンブラーの中には、巨万の富を築き、世間に名を馳せた者もいる。彼らの派手な生活や個性的なキャラクターはもてはやされ、一般大衆は経済紙に掲載される彼らの記事をむさぼり読んだ。あの当時は、宝石蒐集《しゅうしゅう》と美食で有名なビッグ・〝ダイヤモンド〟・ジム・ブレイディーや、株式仲買人の使い走りから大統領顧問にまで成り上がったバーナード・バルークなど、ごく少数の人物が大投資家として世間の耳目をあつめていた。

こうしたかつての大物投機家に代わり、現代では機関投資家が幅をきかせている。

すなわちミューチュアル・ファンド、ヘッジ・ファンド、投資信託会社といったたぐいがそれだ。機関投資家は一般大衆にたいして〝売り込み〟をかける。みずからを有能な〝株選びの達人〟であると宣伝し、毎年の運用実績の数字を餌にして、手っとり早く金持ちになりたい近視眼的な人びとを釣り上げるのだ。

たいていの場合、株式市場の投機家たちは移り気な集団になりがちで、良いニュースがあると買いに走り、悪いニュースがあると売りに走る。2カ月ほど待っても株価が動かないと、彼らはその株を手放し、何か別の株を物色しはじめる。

ギャンブラーの新世代に属する頭脳派たちは、株価の上下動の速さを読みとる複雑なコンピューター・プログラムを開発した。このプログラムを導入しておけば、ある会社の株が一定以上の速度で上昇すると、コンピューターが自動的に買いを入れ、一定以上の速度で下落すると、今度は自動的に売却してくれる。結果的に、株式市場の数千の銘柄において、大量かつ急速な売買が発生するようになった。

プログラム化された株取引では、前日買った銘柄を今日売り、また別の銘柄に乗り換えるケースもめずらしくない。このコンピューター・システムを用いれば、ヘッジ・ファンドの運用責任者は、顧客を大儲けさせることができる。

しかし、落とし穴もある。顧客を大損させる危険性も同じだけ存在するのだ。損害をこうむった顧客は、(すっからかんになっていなければ)お抱えの運用責任者を見限り、新たな〝株選びの達人〟を探しはじめる。

有能なファンド・マネージャーと、それほど有能でもないファンド・マネージャーの浮き沈みの話は、ウォール街に行けばごろごろ転がっている。

熱に浮かされたような投機的売買は、なにも今に始まった現象ではない。史上まれに見る狂乱相場のひとつと言われる一九二〇年代、株価の上昇は天井知らずだった。しかし、一九二九年に大恐慌が起こると、株価はきりもみ状態で落下していった。

一九三〇年代初頭、ベンジャミン・グレアムという進取的な若きアナリストが、ひとつの事実に気づいた。ウォール街の大物投資家たちのほとんどは、企業の株をめまぐるしく売ったり買ったりしているにもかかわらず、その会社が展開する事業の長期的経済性にまったく関心を払っていない、と。すなわち、その事業が将来発揮しうる収益力には無頓着で、彼らの関心の的は、短期的に株価が上昇するか下落するか、という一点に絞られていたのだ。

ときとして彼らは相場の熱狂に呑み込まれ、投資先の基幹ビジネスの長期的経済性とはかけ離れた愚かしい水準まで、株価を跳ね上げさせた。これとは逆に、ビジネスの長期的展望を無視した結果、常軌を逸した低水準まで株価を押し下げることもあった。この正気とは思えない株価下落を、グレアムは願ってもない金儲けのチャンスとみなした。

彼は次のように考えた。〝過剰に売り込まれた株〟を、長期的な適正価値よりも安い価格で買っておけば、やがて市場が評価の間違いに気づき、再評価を行ない、株価をふたたび上昇させたとき、株の売却によって利益をあげることができる、と。これが今日「バリュー投資」として知られている手法の基本である。グレアムはバリュー投資の父なのだ。

しかし、ここでわたしたちが留意しなければならないのは、グレアムが投資先のビジネスの内容には無関心だったという点だ。グレアムの目から見ると、すべての上場企業の株には〝お買い得の価格〟が存在した。一九三〇年代、バリュー投資の実践を始めたころの彼は、保有キャッシュ額の半値以下で取引されている企業の発見に全力を注ぎ込んでいた。言葉を換えるなら、株式時価総額の2倍以上の現金を持っている企業をターゲットにしており、グレアム本人に言わせれば、これは〝1ドルを50セントで買う〟ことにひとしかった。

グレアムはまたほかにもルールを決めていた。株価が〝1株あたり利益〟の何倍になっているかを示す指標、ＰＥＲ（株価収益率）が10倍以上の銘柄には手を出さない。購入後に株価が50パーセント上昇したら売却する。購入後の2年間でこの水準まで達しない銘柄もやはり売却する……。

そう、グレアムの投資スパンは、ウォール街の移り気な投機家たちよりは少し長かったものの、10年後に投資先のビジネスがどうなっているか、という点についての興味はゼロだったのである。

No.3

永続的競争優位性を持つ企業に投資するのは、的中率100パーセントの予言に乗っているようなものだ

一九五〇年代、ウォーレン・バフェットはコロンビア大学に進み、ベンジャミン・グレアム教授からバリュー投資を学んだ。そして、卒業後しばらくしてから、グレアムが経営するウォール街の資産運用会社に入り、アナリストとして働きはじめた。このとき、新入社員に投資の手ほどきをしたのは、のちに有名なバリュー投資家となるウォルター・シュロスだった。シュロスは若きウォーレンに数千社分の財務諸表を読ませ、過小評価されている企業の見つけ方を伝授した。

グレアムが引退すると、ウォーレンは生まれ故郷のネブラスカ州オマハに戻った。ウォール街の狂乱からはるか遠く離れたこの土地で、彼は恩師の投資手法の見直しにじっくりと取り組んだ。恩師グレアムの教えにたいして、いくつかの疑問がわいてきていたからだ。

第一の疑問は、グレアムのやり方で選んだ過小評価企業のうち、すべてがより高く再評価されるというわけではなく、実際、何分の一かは破産してしまうという点だ。

成功のかげにはかなりの失敗もあり、全体の投資効率を大きく損なっていた。

グレアムはこのシナリオを回避すべく、幅広い分散型ポートフォリオを組んだため、投資先が１００社を超えることもあった。彼はまた、２年たっても上がらない株を手放すという戦略もとっていた。しかし、結局のところ、〝過小評価された株〟のほとんどは、過小評価されたまま推移したのである。

逆に、ウォーレンとグレアムが実際に株式を購入し、50パーセント・ルールで売却した企業のうち、いくつかは売却後も長きにわたって繁栄を続けた。グレアムが手放したときよりも、ずっとずっと高値までのぼっていく株を、ウォーレンは指をくわえて見ているしかなかった。まるで、せっかく大富豪行き列車の座席を確保したのに、列車の行き先にかんする先見の明が足りず、目的地のはるか手前で下車してしまったかのようだった。

ここでウォーレンははたと気づいた。〝スーパースター企業〟の経済性をより深く理解すれば、恩師の投資手法のパフォーマンスを向上させられるはずだ、と。さっそく彼は、「長期的優良投資の条件とは何か」という観点から、企業の財務諸表の調査と研究にとりかかった。

その結果によると、すべての〝スーパースター企業〟は、ある種の競争優位性による独占状態から恩恵を受けており、自社製品を他社よりも多く、もしくは他社よりも高く売ることが可能となっていた。だからこそ、ライバル社よりもずっと大きな儲けを稼ぎ出せるわけだ。

ウォーレンがもうひとつ気づいたのは、もしも企業の競争優位性を長期間維持できるなら——すなわち、競争優位性が〝永続的〟なら、ビジネスの根源的価値は年を追うごとに増加しつづける、という点だ。

ビジネスの根源的価値が増加しつづけるなら、できるだけ長く投資を継続したほうがいいに決まっている。投資先企業の競争優位性から利益を得るチャンスが広がるのだから。

ウォーレンの観察によれば、バリュー投資家にしろ、投機家にしろ、あるいは両者の組み合わせにしろ、ウォール街は必ずいずれかの時点で、優良ビジネスの根源的価値の増加に気づき、その企業の株価を押し上げる方向に動いた。つまり、永続的競争優位性を持つ企業に投資するのは、的中率100パーセントの予言に乗っているようなものなのだ。

〝金融の魔法〟と呼んでもいいこの投資手法には、ほかにも利点があった。優良企業は素晴らしい経済性から好業績を引き出しつづけるため、破産の危険性はゼロにひとしい。そして、ウォール街の投機家たちがその企業の株価を押し下げれば下げるほど、ウォーレンが投資を実行するさいの損失リスクはさらに低下することだった。

取得時の株価が安ければ、将来的により大きな上昇の余地が存在することになる。ウォーレンがこの投資ポジションを継続すればするほど、ビジネスの秀でた根源的経済性から利益を得られる時間は長くなり、いったん株式市場がその企業の恵まれた状況を認識すれば、ウォーレンのふところには莫大な富が転がり込んでくることになる。

この考え方は、利益を最大化するためには根源的リスクを高めなければならない、というウォール街の常識を完全にくつがえした。ウォーレンの手法を用いれば、リスクを低減させながら潜在的利潤を増加させることができるのだ。これは投資界における〝聖杯〟の発見と言ってよかった。

さらに、ウォーレンはウォール街がバーゲン価格を提供してくれるまで待つ必要もなかった。充分な投資期間を確保する前提で、〝スーパースター企業〟のひとつを適正価格で買っておけば、抜きん出た利益を得られることが判明したからだ。

ただでさえおいしいこの投資手法には、もうひとつおいしい点が存在していた。投資スパンを長期に据え、取得した株の売却を行なわないため、キャピタルゲイン税を遠い未来へ先送りできる点だ。株を保有しつづけているあいだは、何年たとうと投資は無税ですむ。

実例を見てみよう。一九七三年、ウォーレンは永続的競争優位性を持つ新聞社〈ワシントン・ポスト〉に１１００万ドルを投資し、今日まで長期保有のポジションを忠実に守りつづけている。投資の継続期間は35年に及び、この間、同社の価値はなんと14億ドルにふくらんだ。

１１００万ドルの元手が14億ドルに！　これだけでもすごいことだが、この投資の最大のうまみは、株をまったく売却していないため、莫大な利益にたいして１セントの税金も払わずにすんでいるという点だ。

もしも、ベンジャミン・グレアムが〈ワシントン・ポスト〉に投資していたら、50パーセント・ルールに従って、一九七六年に１６００万ドルで株を売却し、利益の39パーセント分のキャピタルゲイン税を支払っていたはずだ。ウォール街の辣腕ファンドマネージャーたちの場合は、もっとひどかっただろう。おそらく、10〜20パーセントのリターンを稼ぎ出すべく、35年間に〈ワシントン・ポスト〉株を１０００回近く売買し、売却のたびにキャピタルゲイン税を支払っていたはずだ。ウォーレンが得たリターンは、率にすると１万２４６０パーセント。しかも今日に至るまで、14億ドルの利益には１セントの税金もかかっていない。

永続的競争優位性から好業績を引き出している企業に投資しておけば、時間が大きな味方となって自分を超リッチにしてくれるという事実を、ウォーレンは学んできたのである。

No.4 すぐれた企業は、消費者の心の一部を所有している

わたしたちを金持ちにしてくれる企業、すなわち、永続的競争優位性を持つ企業を見つけ出したいとき、前もってどこから探しはじめればいいかを知っていれば、捜索活動はずいぶんと楽になる。ウォーレンは〝スーパースター企業〟を大きく三つのモデルに分類していた。

第一は、他にはないユニークな製品を売っている会社。第二は、他にはないユニークなサービスを売っている会社。第三は、一般大衆からの安定した需要がある製品もしくはサービスを、低コストで仕入れて低コストで売っている会社だ。

この三つをひとつずつ見ていこう。

他にはないユニークな製品を売っている会社としては、〈コカ・コーラ〉、〈ペプシ〉、〈ハーシーズ〉、〈バドワイザー〉、〈クアーズ〉、〈ワシントン・ポスト〉、〈プロクター&ギャンブル（P&G）〉、〈フィリップ モリス〉、そして大手チューイングガム・メ

ーカーの〈リグリー〉や大手食品メーカーの〈クラフト〉などがあげられる。

これらの企業は、顧客のニーズに応え、顧客に良い経験を提供し、有効な広告活動を行なうことによって、自社製品の物語を一般大衆の心に植えつけてきた。わたしたちが何かの欲求をおぼえたとき、特定企業の製品が脳裏をよぎるのは、このような誘導プロセスの結果なのだ。

チューイングガムを噛みたいとき、ぱっと思い浮かぶのは〈リグリー〉。暑かった一日の仕事の終わりに冷たいビールが飲みたいとき、ぱっと思い浮かぶのは〈バドワイザー〉。〈コカ・コーラ〉が思い浮かぶ場面はさらに多岐にわたる。

「これらのすぐれた企業は消費者の心の一部を所有している」

とウォーレンは言う。

消費者の心の一部を所有できている企業は、すぐれた自社製品に変更を加える必要がない。しかも、競合他社よりも高く、多く製品を売ることが可能なため、ありとあらゆる素晴らしい経済的結果をもたらし、秀逸な数字を財務諸表に書き込むことができるのだ。

つぎに、ユニークなサービスを売っている会社としては、格付け会社〈ムーディーズ〉、税務などのサービスを扱う〈H&Rブロック〉、クレジットカードの〈アメリカン・エキスプレス〉、家事サービスの〈サービスマスター〉、地方銀行の〈ウェルズ・ファーゴ〉などがあげられる。

これらの企業は、人々がどうしても必要とし、進んで金を支払うサービスを売っており、この点で弁護士や医者と同じと言える。だが、弁護士や医者とちがうのは、個人ではなく会社が指名される点だ。個人ブランドよりも会社ブランドのほうが強いのである。税務サービスを受けたいとき、〈H&Rブロック〉の名前は思い浮かんでも、〈H&Rブロック〉のだれそれの名前は思い浮かばない。

ウォーレンは〈ソロモン・ブラザーズ〉――現在〈シティグループ〉の傘下にある投資銀行、すでにウォーレンは株を売却している――の大株主になったとき、会社ブランド型の組織を手に入れたのだと考えていた。しかし、有能な社員たちが上客といっしょに会社を離れはじめると、〈ソロモン・ブラザーズ〉が会社ブランド型ではなく個人ブランド型の組織であることが判明した。個人ブランド型企業の社員は、事業収益の大きな部分を要求できるため、オーナーや株主の取り分は必然的に小さくなる。小さな取り分に甘んじていては、投資家が金持ちになることはできない。

ユニークなサービスを売って消費者の心の一部を所有する企業は、とてつもない潜在的経済性を備えていると言えるだろう。なぜなら、製品のデザイン変更に巨額の資金を投じる必要もなければ、製造工場や保管倉庫の建設に巨費を投じる必要もないため、製品を売る企業より、高いマージンを稼ぎ出すことが可能となるからだ。

スーパースター企業の第三のモデルである、一般大衆からの安定した需要がある製品もしくはサービスを、低コストで仕入れて低コストで売っている会社としては、〈ウォルマート〉、〈コストコ〉（会員制倉庫型店舗）、〈ネブラスカ・ファニチャー・マート〉、〈ボーシェイム・ジュエリー〉、〈バーリントン・ノーザン・サンタフェ鉄道〉があげられる。

これらの企業は薄利多売を実践しており、マージンのうすさを補って余りあるほど、大量に商品を販売している。成功の鍵は、購買者としても販売者としても低コストを実現すること。これにより、製品やサービスを低価格で売っても、競合他社よりも高いマージンを確保できるわけだ。

どの店が街でいちばん安いかというストーリーは、消費者がどの店で買い物をするかというストーリーには欠かせない。たとえば、あなたがオマハに住んでいて、自宅用に新しいコンロが欲しくなったら、最良の品ぞろえと最安値を目当てに、〈ネブラスカ・ファニチャー・マート〉を訪れるだろう。西海岸から東海岸へ荷物を送りたくなったら？　財布に最もやさしいのは〈バーリントン・ノーザン・サンタフェ鉄道〉

だ。あなたが小さな町に住んでいて、最良の品ぞろえと最安値を求めるなら？〈ウォルマート〉に行けばいい。

むずかしく考えることはない。ユニークな製品を売るか、ユニークなサービスを売るか、一般大衆からの安定した需要がある製品もしくはサービスを低コストで仕入れて低コストで売るか。このいずれかの企業に投資していれば、来る年も来る年もふところにキャッシュが転がり込んでくるだろう。まるで、モンテカルロのカジノを破産させるほど大勝ちしたみたいに……。

No.5

永続性は金持ちへのチケットである

「あらゆる富を生み出す永続的競争優位性のうち、重要なのは〝永続的〟の部分である」

とウォーレンは言う。

彼はこの事実を〈コカ・コーラ〉から学びとってきた。〈コカ・コーラ〉社は122年前から同じ製品を販売しつづけており、122年後も同じ製品を販売している可能性が高い。

この製品の一貫性こそが、企業収益の一貫性を生み出すのだ。製品を定期的に修正する必要がないのだから、研究開発に巨額の資金を注ぎ込まなくてすむし、来年度のニューモデルを製造するために、工場の設備を更新しなくてもすむ。こうして会社の金庫にはたんまりと金が貯まっていく。

多額の余剰金があれば、大きな負債を抱え込むことはなく、大きな負債がなければ、重い利払いに苦しめられることはない。最終的に、多額の余剰金は事業拡大や自社株買いにあてられる。そして会社の収益は向上し、会社の株価は上昇し、株主は金持ちになる、というわけだ。

だから、会社の財務諸表を見るとき、ウォーレンは「一貫性」を読みとろうとする。一貫して高い粗利益率を保持しているか？　一貫して負債をゼロに、もしくは低水準に保っているか？　一貫して研究開発投資の必要性を低く保っているか？　一貫して収益をあげつづけているか？　一貫して収益の成長を保っているか？

「財務諸表に示されていることの『一貫性』こそが、その企業の競争優位性が〝永続的〟であるかどうかを教えてくれるのだ」

とウォーレンは言う。

そう、投資先の〝永続的〟競争優位性の有無を確かめるとき、ウォーレンが頼りにするのは財務諸表なのである。

No.6 財務諸表には宝の隠し場所が書かれている

秀でた永続的競争優位性を持つ会社を発掘したいとき、ウォーレンは財務諸表を徹底的に調べる。いつまでもお粗末な業績を出しつづける凡庸な会社なのか、それとも、永続的競争優位性で自分を超リッチにしてくれる優良企業なのか……。この点を見きわめたいなら、財務諸表に聞いてみるしかないのだ。

財務諸表には三つの種類がある。

ひとつめの〝損益計算書〟は、特定の期間内に企業がどれだけの金を稼いだかを教えてくれる。企業の会計部門は伝統的に、四半期ごと、もしくは年度通期で損益計算書を作成し、各期間の数字を株主に説明する。ウォーレンは損益計算書を読むことで、会社の利益、自己資本利益率、そして最も重要な収益の一貫性と方向性を見きわめている。これらの諸要素は、その企業が永続的競争優位性の恩恵を受けているかどうかを判断するとき、材料として欠かせない。

ふたつめの〝貸借対照表〟は、企業の預金額と借金額を教えてくれる。預金から借金を引けば、会社の純資産額がはじき出される。貸借対照表は1年のどの時点でも作成することができ、特定の日付における会社の預金、借金、純資産を示す。

通常、企業は株主向けに、3カ月（四半期）ごとと会計期末、もしくは決算期末に貸借対照表を作成する。ウォーレンは経験上、貸借対照表のいくつかの事項――会社が保有するキャッシュの額や、会社が背負っている長期借入金の額――を、永続的競争優位性があるかないかの指標として活用している。

三つめの〝キャッシュフロー計算書〟は、企業がビジネスを行なううえでの現金の出入りを追跡する。会社が設備改良にいくら費やしているかを知りたいとき、キャッシュフロー計算書はとても役に立つ。また、会社による債券・株式の売り出しと買い戻しの動きも追跡が可能だ。通常、キャッシュフロー計算書は、ほかの財務諸表といっしょに発表される。

これから先の章では、損益計算書と貸借対照表とキャッシュフロー計算書の各項目をくわしく説明する。そして、長期的に富をもたらしてくれる永続的競争優位性の有無を判断するとき、ウォーレンが活用している指標について明らかにしていきたい。

No.7

〝無料〟という響きはどんなときでもわたしたちに笑顔を運んできてくれる

インターネット全盛の現在、企業の財務情報を簡単に入手できる場所はいくつもある。最も お手軽なのは、〈MSN.com〉(http://moneycentral.msn.com/investor/home.asp) か、〈Ｙａｈｏｏ！〉のファイナンス・ページ(www.finance.yahoo.com)だろう。

両方を併用する人は多いと思うが、財務諸表にかんしては〈MSN.com〉のほうが充実している。どちらのサイトでも、企業の略称を打ち込み、ポップアップに現れた候補の中から目当てのものをクリックすれば、企業の株価情報のページが表示される。〈Ｙａｈｏｏ！〉の場合、左側の〝Financials〟という項目の下に、損益計算書と貸借対照表とキャッシュフロー計算書のページに飛ぶハイパーリンクがある。また、〝SEC Filings〟という項目をクリックすれば、米国証券取引委員会(ＳＥＣ)に提出された各種書類を見ることもできる。

すべての上場企業は、四半期ごとの財務諸表(10Qと呼ばれる)と年次報告書(10

Kと呼ばれる）を、SECに提出しなければならない。年次報告書には、当該会計期間もしくは当該決算期間の財務諸表が含まれている。

ウォーレンは長い年月のあいだに、数千通の年次報告書を読みこなしてきた。無意味な修飾語を満載する株主向けの報告書とは異なり、SEC提出用の年次報告書では、極力、必要な数字の報告に特化しようという努力が傾けられているからだ。

筋金入りの投資家向けには、〈Bloomberg.com〉がもっとくわしいサービスを有料で提供している。しかし、正直に言えば、債券や通貨の売買に手を伸ばしていないかぎり、株式投資に必要な財務情報は、すべて無料の〈MSN.com〉や〈Ｙａｈｏｏ！〉で手に入る。そして、〝無料〟という響きはどんなときでも、わたしたちに笑顔を運んできてくれるのだ。

Chapter 2

バフェット流損益計算書の読み方

「あなたは数えきれないほどの企業の年次報告書と財務諸表を読まなければならない」

――ウォーレン・バフェット

「『プレイボーイ』を読む連中もいるが、わたしは年次報告書を読む」

――ウォーレン・バフェット

No.8

利益そのものの数字より、「利益の源がどこにあるか」ということのほうが重要なのだ

損益計算書の例（金額単位：100万ドル）

項目		金額
売上高		10000
売上原価		3000
売上総利益（粗利益）		7000
営業経費	販売費＆一般管理費	2100
	研究開発費	1000
	減価償却費	700
	計	3800
営業利益		3200
支払利息		200
資産売却益（資産売却損）（特別利益/特別損失）		1275
その他		225
計		1700
税引前利益		1500
納税充当金		525
当期純利益		975

永続的競争優位性を持つミラクル企業を探すとき、ウォーレンがまず第一に手がかりとするのは〝損益計算書〟だ。損益計算書は投資家に、特定期間内における企業活動の結果を教えてくれる。

通常、企業は3カ月ごとと年度末に損益計算書を作成する。それぞれの計算書には、

〝二〇〇七年一月一日から二〇〇七年一二月三一日まで〟というように該当期間が明記されている。

損益計算書は三つの基本要素で構成される。第一は、ビジネスの売上高。第二は、会社の経費。売上から経費を引けば、第三である会社の利益、もしくは損失がはじき出される。むずかしくはないだろう？　そう、とても簡単なのだ。

株式分析の黎明期においては、ウォーレンの恩師であるベンジャミン・グレアムをはじめ、主流派のアナリストたちの主眼は、対象企業が利益をあげているかどうかという点だけに注がれていた。ビジネスの収益源が長期的に存続可能かどうかという点には、ほとんど、もしくはまったく関心は示されなかったのである。

前にも触れたとおり、投資先がすぐれた経済性から恩恵を得ている優良企業なのか、それとも、日々の操業に四苦八苦する凡庸な企業のひとつなのか、という点に関心は示されなかった。グレアムは一定水準以下の安値がついていれば、ためらうことなくお粗末なビジネスにも資金を投じたのである。

ウォーレン・バフェットは鋭い洞察力で、ビジネスの世界をふたつにグループ分けした。第一のグループは、競合他社にたいして長期的かつ永続的な競争優位性を持つ企業群。これらの企業の株を適正価格、もしくはそれ以下で買えれば、そして、充分な期間だけ保有しつづければ、あなたは超リッチになることができる。

第二のグループには、のこりの凡庸な企業群が含まれる。これらの企業は来る年も来る年も、きびしい競争市場で悪戦苦闘を強いられており、長期投資をしても貧弱なリターンがもたらされるだけである。

切望してやまない長期的かつ永続的な競争優位性、すなわち、自分を超リッチにしてくれる競争優位性が、対象企業にあるかないかを見定めたいとき、損益計算書のひとつひとつの項目が判断材料になってくれることを、ウォーレンは学びとってきた。この企業は本業で儲けを出しているか、利益はどれくらいあるか、競争優位性を保つために大量の研究開発費が必要かどうか、収益をあげるために高倍率のレバレッジ（企業の自己資本と他人資本の比率）が必要かどうか……。

損益計算書から掘り出されるこれらの情報を総合すれば、対象企業の経済性を支えているエンジンの本質が見えてくる。どんな場合でもウォーレンにとっては、利益そのものの数字よりも、「利益の源がどこにあるか」ということのほうが重要なのだ。

これからの章では、企業の財務諸表の各項目をひとつひとつ見ていき、ウォーレンが財務諸表上に何を探しているのかを説明したい。長期的かつ永続的な競争優位性で自分を世界一の大富豪にしてくれる超優良ビジネスなのか、それとも、自分を貧困へと引きずり込む凡庸なビジネスなのかを判断するさい、ウォーレンが財務諸表をどのように活用しているのかを明らかにしていこう。

No.9

会計はすべて売上高から始まる。しかし、この数字だけでビジネスを評価すべきではない

損益計算書　（金額単位：100万ドル）

項目	金額
売上高	10000
売上原価	3000
売上総利益（粗利益）	7000

損益計算書の最上段には必ず、企業の合計〝売上高〟、もしくは〝総売上高〟が記載されている。これは、当該期間中に会社の金庫に入ってきた額の合計であり、四半期ごと、もしくは年度末に発表される。

たとえば、わたしたちが靴の製造業者で、1年間に1億2000万ドル分の靴を売

ったとしたら、当該年度の損益計算書に、「売上高1億2000万ドル」と書き込むわけだ。

注意すべきは、損益計算書に多額の売上高が記されていても、必ずしも企業が利益をあげているとはかぎらないという点だ。利益の有無を判断するには、総売上高からビジネスの経費を差し引く必要がある。

売上－経費＝利益

経費を引いて利益を算出しないかぎり、売上高の数字のみからわかることはゼロにひとしい。

ビジネスの売上高をさっと確認したあと、ウォーレンはそれぞれの経費をじっくり慎重に吟味していく。利益を増大させる秘訣のひとつは、なるべく経費をつかわないことである、という事実を知っているからだ。

No.10 売上高に占める売上原価が低いのは良いことである。高いのは悪いことである。

損益計算書　（金額単位：100万ドル）

項目	金額
売上高	10000
売上原価	3000
売上総利益（粗利益）	7000

損益計算書で売上高の下段に来るのは、〝売上原価〟だ（英語では〝Cost of Good Sold〟もしくは〝Cost of Revenue〟と呼ばれる）。

売上原価とは、小売業者が商品を仕入れるコスト、もしくは、製造メーカーが商品生産に使用する原材料と労働力のコストだ。製品ではなくサービスを売っている企業の場合、〝Cost of Good Sold〟の代わりに〝Cost of Revenue〟が用いられることが多い。基本的に両者は同じものだが、包含する内容が多少ちがってくる。

対象企業が何を販売コストや売上コストに計上しているかを、絶えず正確に把握しておかなければならない。なぜなら、ここには経営陣のビジネス観が色濃く反映されているからである。

では、家具販売会社を例にとって、売上原価の計算方法を簡単に説明しよう。年度初めに会社の家具の棚卸《たなおろし》資産を算出し、年度内に増やした家具の棚卸資産を足し、年度末にのこっている家具の棚卸資産を引く。年度初めの在庫が1000万ドルで、年度内に200万ドル分の家具を買い付け、年度末の在庫の現金価値が700万ドルなら、その年度の売上原価は500万ドルということになる。

永続的競争優位性を持つ企業を探すとき、売上原価の数字から多くを知ることはできないが、この数字は粗利益をはじき出すのに必要となる。そしてウォーレンは粗利益の数字を頼りにして、対象企業の永続的競争優位性の有無を判断している。くわしい説明は次章に譲ろう。

No.11

永続的競争優位性を持つ企業は、高い粗利益率を示す傾向がある

損益計算書の売上高から売上原価を差し引くと、その企業の〝粗利益〟（訳注・日本では売上総利益とも呼ばれる）がはじき出される。たとえば右に例として掲げた表のように、売上高が１００億ドルで売上原価が30億ドルなら、粗利益は70億ドルというわけだ。

損益計算書　（金額単位：100万ドル）

項目	金額
売上高	10000
売上原価	3000
売上総利益（粗利益）	7000

粗利益70億ドル÷売上高100億ドル＝粗利益率70パーセント

粗利益とは、生産に必要な原材料コストと労働力コストを売上高から引いたとき、企業にどれだけの儲けがのこるかを示す数字である。販売コスト、管理コスト、減価償却費、経営上必要な利息費用などは、粗利益から差し引かれていない。

粗利益の数字そのものからわかることはきわめて少ないが、この数字からは〝粗利益率〟が算出できる。粗利益率は会社の経済的性質について多くを語ってくれる。

粗利益については次の公式が成り立つ。

粗利益÷売上高＝粗利益率

ウォーレンが常日ごろ心がけているのは、ある種の永続的競争優位性を持つ企業を探し出し、このビジネスから長期にわたって利益を得ることである。そんな彼が発見したのは、秀でた長期的経済性から好業績を引き出している企業は、そうでない企業と比べ、〝一貫して〟高い粗利益率を保っているという点だ。くわしく説明しよう。

ウォーレンによって永続的競争優位性が確認された企業の粗利益率を見てみたい。〈コカ・コーラ〉は一貫して60パーセント以上の粗利益率を保っている。〈ムーディーズ〉は73パーセント、〈バーリントン・ノーザン・サンタフェ鉄道〉は61パーセント、

〈リグリー〉は51パーセントだ。

以上の数字を、長期的経済性に疑問符がつく企業と比べてみよう。たびたび破綻の危機に見舞われる〈ユナイテッド航空〉の粗利益率は14パーセント。苦境にあえぐ〈GM〉は、弱々しい21パーセント。かつて危機におちいり、ようやく業績を回復させた鉄鋼会社〈USスチール〉でも、高いとは言えない17パーセント。〈グッドイヤー〉のタイヤは、どんな路面状況でも走ることができるが、経営不振のときには20パーセントの粗利益をあげるのが精一杯である。

ハイテク業界については理解が及ばないという理由でウォーレンは手を出さないが、例としてあげれば〈マイクロソフト〉が一貫して79パーセントという高い粗利益率を示しているのにたいし、〈アップル〉の数字は33%に過ぎない。このパーセンテージのちがいが示すのは、オペレーティング・システム（OS）とソフトを販売する〈マイクロソフト〉のほうが、ハードウェアとサービスを売る〈アップル〉よりもすぐれた経済性を創出しているという現状だ。

企業が高い粗利益を稼ぎ出せるのは、永続的競争優位性の存在によって、売上原価をはるかに上まわる価格設定の自由が与えられるからだ。対照的に、永続的競争優位性を持たない企業は、自社の製品もしくはサービスを値下げすることで競争するしかない。当然、この値下げは利ざやの低下につながり、最終的には収益性に悪影響を及ぼす。

ごくごく一般論で言うと（もちろん例外はあるが）、粗利益率が40パーセント以上の企業は、なんらかの永続的競争優位性を持っている可能性が高い。反対に40パーセント以下の場合は、所属する業界のきびしい競争によって、企業の利ざやが圧縮されている可能性が高い。20パーセント以下の企業は、たいていの場合、競争の激烈な業界に属しており、このような業界では、どの会社も持続可能な競争優位性を構築することができない。そして、競争優位性から恩恵を受けられずに、業界の激しい競争に巻き込まれている企業は、決して長いスパンでわたしたちを金持ちにしてはくれないのである。

この「粗利益率テスト」は絶対確実とは言えないものの、対象企業が永続的競争優位性を一貫して保持しているかどうかを、手早く見きわめる判断材料のひとつにはなってくれる。

ウォーレンは永続的競争優位性のうち、〝永続的〟の部分を重視している。もしもあなたが安全な側に立ちつづけることを望むなら、少なくとも過去10年間の粗利益率を追跡し、〝一貫性〟の有無を確かめなければならない。

「永続的競争優位性を持つ企業を探すことは、〝一貫性〟を見つけるゲームに参加することだ」

とウォーレンは言っている。

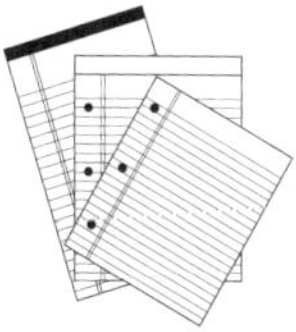

No.12

営業経費を注視せよ。ビジネスの長期的経済性を破壊しかねない要因は、そこに潜んでいる

損益計算書　（金額単位：100万ドル）

項目		金額
売上高		10000
売上原価		3000
売上総利益（粗利益）		7000
営業経費	販売費＆一般管理費	2100
	研究開発費	1000
	減価償却費	700
	計	3800
営業利益		3200

現代では、高い粗利益率を誇っていた企業が、さまざまな原因から道をはずれ、たやすく長期的競争優位性をはぎ取られてしまうことがある。原因としてあげられるのは、研究費の増大、販売および管理コストの増大、債務にたいする利払コストの増大だ。これら三つの現象のうちひとつでも発生すれば、ビジネスの長期的経済性は破壊

されかねない。〝営業経費〟に分類されるこの三つのコストは、あらゆるビジネスの頭痛の種となっているのだ。

右の表を見てほしい。損益計算書で粗利益の下に来るのが、まとめて〝営業経費〟と呼ばれる諸経費だ。先にもあげたが、具体的な例としては、新製品の研究開発費、製品を市場に出すための販売費と管理費、減価償却費となし崩し償却費、リストラ費用と減損処理費用などがあげられる。ちなみに減価償却は製造工場のような有形資産に適用される。なし崩し償却はのれん代や特許のような無形資産に用いられる。特許は実際に減耗しないため、特許にかかった費用は、複数年に分けてなし崩し的に経費として計上されるのだ。そして何でも詰め込める〝その他〟の項目には、営業外費用と臨時費用がすべて含まれる。

これらの経費をすべて足すと、営業経費の総額がはじき出される。そして、この総額を粗利益から差し引けば、会社の営業利益もしくは営業損失が判明する。

営業経費の各項目はどれをとっても、ビジネスの長期的経済性の特質に影響を及ぼす。だから、これからの数章では、ひとつひとつの項目をウォーレンのやり方で検証していきたい。

No.13

販売および一般管理費は、〝一貫して〟低いことが望ましい

損益計算書　（金額単位：100万ドル）

項目		金額
売上高		10000
売上原価		3000
売上総利益（粗利益）		7000
営業経費	販売費＆一般管理費	2100
	研究開発費	1000
	減価償却費	700
	計	3800
営業利益		3200

損益計算書の〝販売および一般管理費（SGA費）〟の項目には、当該会計期間内にかかった直接・間接の販売経費と、あらゆる一般経費および管理経費が記載されている。この項目にはたとえば経営陣の報酬、宣伝費、出張費、弁護士費用、手数料、従業員の給与などが含まれる。

〈コカ・コーラ〉のような世界じゅうに展開している大企業の場合、これらの経費は数十億ドル単位にものぼるため、会社の最終的な利益に甚大な影響を与える。粗利益にたいするSGA費の比率は、ビジネスの種類によって大きく異なっており、永続的競争優位性を持つ優良企業でもさまざまである。

たとえば〈コカ・コーラ〉のSGA費は、一貫して粗利益の約59パーセントを保っている。〈ムーディーズ〉は一貫して約25パーセント、〈プロクター&ギャンブル〉は一貫して約61パーセント。注目してほしい、ここでのキーワードは〝一貫性〟だ。

逆に、永続的競争優位性を持たない企業は、きびしい競争に苦しんでいるため、粗利益にたいするSGA費の比率が激しく上下動する。たとえば自動車産業に目を向けると、過去5年間、〈GM〉のSGA比率は28パーセントから83パーセントのあいだで変動してきた。同時期の〈フォード〉の変動幅は、89パーセントからなんと780パーセントだ！

このとんでもない数字は、〈フォード〉が狂ったように損失を垂れ流していることを意味する。自動車の販売が下降しはじめても、つまり、売上高が下降しはじめても、経費だけは相変わらず高止まりしているわけだ。〈フォード〉が早急にSGA費を縮小できなければ、会社の粗利益は際限なく食いつぶされていくことになるだろう。

永続的競争優位性を持つ企業を探すとき、調査対象のＳＧＡ費は低ければ低いほど良い。そのうえ一貫してＳＧＡ費が低く保たれているなら、なお良い。

ビジネスの世界では、粗利益にたいするＳＧＡ費の比率が30パーセント以下なら、優良企業とみなされるが、ＳＧＡ比率が30から80パーセントでも、永続的競争優位性を持つ企業は数多く存在する。ただし、たびたび１００パーセント近い数字を、もしくは１００パーセント超の数字を示す企業は、所属業界特有の激しい競争に巻き込まれていると考えていいだろう。このような状況下では、どんな企業も持続可能な競争優位性を構築することはできない。

同様に、たとえＳＧＡ比率が低いか、あるいは中程度の企業でも、研究開発費や設備投資、債務利払のいずれか、もしくはすべてが発生することにより、秀でた長期的経済性が損なわれてしまう場合がある。

たとえば〈インテル〉はＳＧＡ比率が低い企業の代表だが、同社は高い研究開発費を注ぎ込んでいるため、長期的経済性は平均レベルにとどまっている。とはいえ、もしも〈インテル〉が研究開発をやめれば、10年のうちに今売り出している製品群は時代遅れとなり、ビジネスからの撤退を余儀なくされるだろう。

ＳＧＡ比率が72パーセントの〈グッドイヤー〉も、高い設備投資費と、設備投資をまかなうための借入金にたいする高い支払利息が原因で、景気が後退するたびに赤字に転落している。しかし、〈グッドイヤー〉が債務の増大を恐れて、設備投資や設備更新を怠れば、遠くない将来にまちがいなく競争から脱落してしまうだろう。

ウォーレン・バフェットが投資において肝に銘じているのは、高いSGA比率に苦しめられつづけている企業を避けること。また、たとえSGA比率を低く保っている企業でも、ときに研究開発、設備投資、債務利払の増大によってその経済性が破壊されてしまう場合があることだ。

いくら株価が低くても、その会社の長期的経済性があまりにも貧弱なら、ウォーレンは投資を行なわない。さえないリターンが終生続くという悪夢のような境遇から抜け出せなくなるからである。

No.14

多額の研究開発費を要する会社は、競争優位性に先天的欠陥を内包している

損益計算書　（金額単位：100万ドル）

項目		金額
売上高		10000
売上原価		3000
売上総利益（粗利益）		7000
営業経費	販売費＆一般管理費	2100
	研究開発費	1000
	減価償却費	700
	計	3800
営業利益		3200

永続的競争優位性を持つ企業を発見しようとするとき、〝研究開発費〟という項目をチェックする必要がある。なぜなら永続的競争優位性のように見えるものが、実は、特許や先進技術を源とする一時的優位性であることも多いからだ。たとえば製薬会社のように、特許によって競争優位性がつくり出されている場合、一定期間後に特許が

切れれば優位性は消滅してしまう。

　そうした先進技術の結果としての競争優位性なら、他社が新しい技術を開発することによってその優位性がくつがえされる事態を、常に覚悟しておかなければならない。だからこそ、〈マイクロソフト〉はあれほど〈グーグル〉の技術進歩を恐れるのだ。特許や先進技術にもとづく今日の競争優位性は、明日には陳腐化する危険性をはらんでいるのである。

　これらの企業は、研究開発に莫大な資金を必要とするだけでなく、休みなく新製品を考案しつづけなければならない。だから、販売計画の見直しと改訂も避けられないし、最終的に、販売・管理コストの増大を余儀なくされる。

　製薬会社の〈メルク〉を例にとろう。〈メルク〉は粗利益の29パーセントを研究開発費に、49パーセントを販売および一般管理費（SGA費）に注ぎ込んでおり、ふたつの支出を合わせると、粗利益の78パーセントが食いつぶされている計算になる。さらに、もしも〈メルク〉が数十億ドルの売上を見込める新薬の開発に失敗すれば、既存の薬の特許が切れた瞬間に業界内での競争優位性を失ってしまうのである。

　同様に、変化の激しいソフトウェア業界でトップをひた走る〈インテル〉も、毎年、粗利益の約30パーセントを研究開発に注ぎ込んでいる。そうしなければ、同社もわずか数年で競争優位性を失ってしまうからだ。

こうした企業とは対照的に、ウォーレンの長年のお気に入りである〈ムーディーズ〉は、研究開発費を支出する必要がなく、SGA費も粗利益のわずか25パーセントだ。また〈コカ・コーラ〉も研究開発費はゼロだ。もちろん〈コカ・コーラ〉は途方もない量の広告を打つ必要があるが、それでも、平均するとSGA比率は59パーセントに過ぎない。ウォーレンは〈ムーディーズ〉と〈コカ・コーラ〉にかんするかぎり、薬の特許が切れるのではないか、次の技術開発競争に負けるのではないか、と眠れない夜を過ごす必要はないのである。

したがって、多額の研究開発費を必要とする企業は、競争優位性に先天的な欠陥を内包しており、これは長期的経済性が危険にさらされていることを意味する。つまり、その企業の競争優位性は絶対確実なものではないのだ。

そして、絶対確実でないものに、ウォーレン・バフェットは興味を示さない。

No.15

減価償却費はきわめて現実的なコストである。利益を計算するとき除外すべきではない

損益計算書　（金額単位：100万ドル）

項目		金額
売上高		10000
売上原価		3000
売上総利益（粗利益）		7000
営業経費	販売費＆一般管理費	2100
	研究開発費	1000
	減価償却費	700
	計	3800
営業利益		3200

すべての機械と建物は、長い時間をかけて損耗していく。損益計算書では、この損耗分を〝減価償却費〟の項目に記載する。基本的に、特定年度内に発生した損耗は、その年度の売上高にたいするコストとして計上される。

この考え方は筋が通っている。資産の損耗分は、その年度の事業活動において、売

上高を生み出すために使用されたとみなすことができるからだ。

例をあげよう。ＸＹＺ印刷という会社が１００万ドルで印刷機を買ったとする。この印刷機の寿命は10年。機械の寿命が10年あるので、国税当局は、購入年度に１００万ドル全額を経費として一括計上することを認めてくれない。稼働しつづける10年間に分けて計上しなければならないのだ。寿命が10年で購入価格が１００万ドルなら、ＸＹＺ印刷は１年に10万ドルずつ償却する必要がある。一定の期間が経過すれば、印刷機は使いものにならなくなり、必ず買い換えを余儀なくされるため、減価償却費はビジネスを行なううえでの実質費用とみなすことができる。

企業が印刷機を購入すると、のちの章で解説する貸借対照表の上では、現金が１００万ドル分減少し、生産設備の項目が１００万ドル分増加する。そして10年のあいだ、損益計算書の減価償却費に、毎年10万ドルずつが加算される。貸借対照表の上では、毎年、資産の部の〝生産設備〟から10万ドルが減じられ、負債の部の〝減価償却費累計〟に10万ドルが加えられていく。印刷機購入にあてられた実際の１００万ドルの現金支出は、キャッシュフロー計算書の〝資本的支出〟の項目に記載される。

ここで強調しておきたいのは、印刷機の１００万ドルの支出が、購入年度に一括計上されないという点だ。この支出は、１年に10万ドルずつ10年間、損益計算書に減価償却費として記載される。

昔からウォール街の金融専門家たちは、減価償却にまつわる巧妙な抜け道を考え出してきた。いったん印刷機を購入してすべての代金を支払ってしまえば、毎年の10万ドルの減価償却費には、もう追加の現金支出は発生しない。しかし、以後の10年間、国税当局に報告する利益の額は、10万ドルずつ圧縮させることができる。つまり、短期的に見ると、XYZ印刷は実際に追加の現金支出を行なわなくても、毎年減価償却費を計上しつづけられるわけだ。

ウォール街の金融専門家たちは、この10万ドルを利益に繰り入れる方法を考え出し、EBITDA――利払・税引・減価償却、その他償却前利益――と名付けた。EBITDAを導入した企業は、見かけ上増加したキャッシュフローを担保に、さらなる借入を行ない、レバレッジド・バイアウト（LBO）といった企業買収に手を染めて、楽しい金儲けにうつつを抜かしたのである。

ウォーレンが指摘するとおり、EBITDAを操るウォール街の専門家たちは、ひとつの事実を無視している。印刷機の減価償却が終わったとき、新しい印刷機を買うために、実際に100万ドルの現金が必要になるという点だ。EBITDAで他企業の買収にふけり、借金で身動きがとれなくなった企業には、もう100万ドルを調達する能力はのこっていないかもしれない。

ウォーレンは「減価償却費はきわめて現実的なコストであり、利益を計算するときには除外すべきでない」と言う。減価償却費を除外した場合、企業の収益は短期的に水増しされるため、優良ビジネスであるという錯覚が起こりやすいからだ。しかし、錯覚から大富豪が生まれることはもちろんない。

ウォーレンはひとつの事実を学んできた。永続的競争優位性を持つ企業は、過酷な競争に苦しんでいる企業と比べ、粗利益にたいする減価償却費の割合が低くなる傾向がある、と。

たとえば、〈コカ・コーラ〉の減価償却費の比率は、一貫して粗利益の約6パーセントを保っている。永続的競争優位性を持つチューインガム・メーカー〈リグリー〉は約7パーセント、ウォーレンのお気に入りの〈プロクター&ギャンブル〉は約8パーセント。対照的に、きびしい競争下で資本集約型ビジネスを行なう〈GM〉は、22パーセントから57パーセントという高い比率のあいだを行き来している。

会社の最終利益を考えるとき、粗利益を浸食してしまう諸経費は、ウォーレンにしてみれば少なければ少ないほど良いのである。

No. 16

営業利益に占める支払利息の比率は、企業の危機レベルを表わす

損益計算書　（金額単位：100万ドル）

項目		金額
売上高		10000
売上原価		3000
売上総利益（粗利益）		7000
営業経費	販売費＆一般管理費	2100
	研究開発費	1000
	減価償却費	700
	計	3800
営業利益		3200
支払利息		200

当該四半期もしくは当該決算期内に、貸借対照表上の負債にたいして払った金利は、損益計算書の〝支払利息〟の項目に書き込まれる。銀行のように、支払う利息より受け取る利息のほうが多い場合もあるが、製造業と小売業に属する会社の圧倒的多数は、支払う利息のほうがはるかに大きくなる。

支払利息は営業経費ではなく財務経費に分類され、ひとつの独立した項目として扱われる。なぜなら、製造や販売のプロセスとは無関係だからだ。支払利息は帳簿上の債務総額と相関し、会社の債務が大きいほど、支払う利息も大きくなる。

営業利益に占める支払利息の比率が高い会社は、次のふたつのタイプのうちどちらかである可能性が高い。ひとつは、所属する業界特有の激烈な競争にさらされ、競争力を保つために巨額の設備投資が必要な会社。もうひとつは、ビジネスとしての経済性はすぐれているものの、レバレッジド・バイアウト（ＬＢＯ）によって買収された結果、多額の債務を背負わされてしまった会社だ。

ちなみに、ＬＢＯとはＭ＆Ａの手法のひとつである。〝買収する側〟の自己資金で行なわれる通常の企業買収とは異なり、ＬＢＯに用いられる資金は、〝買収される側〟の資産や将来的なキャッシュフローを担保にして調達される。このとき発生した負債は、ＬＢＯの成立後、〝買収される側〟の資産やキャッシュフローで返済されていくことになる。だから、ＬＢＯで買収されたあとの優良企業では、潤沢なキャッシュフローと膨大な負債が併存している場合がある。大量の現金を保有し、キャッシュフローにも恵まれていながらそれらを有効に活用できていない企業は、ＬＢＯの標的にされやすい。

永続的競争優位性を持つ企業の大多数は、支払利息をほとんど、もしくはまったく計上していない、という事実をウォーレン・バフェットは突き止めた。たとえば長期的競争優位性を持つ〈プロクター&ギャンブル〉の支払利息は、営業利益のわずか8パーセント。〈リグリー〉の場合は約7パーセントだ。対照的に、資本集約型で競争が激しいタイヤ業界に属する〈グッドイヤー〉は、営業利益の平均49パーセントも利息にあてなければならない。

過当競争が叫ばれる航空業界の場合でも、営業利益に占める支払利息の比率は、競争優位性の有無を見分ける指標として用いられる。一貫して収益をあげている〈サウスウエスト航空〉が9パーセントなのにたいし、倒産の危機に何度も襲われている〈ユナイテッド航空〉はなんと61パーセント。苦境にあえぐ〈アメリカン航空〉はさらにその上をいく92パーセントだ!

原則的に、消費財生産のセクターで永続的競争優位性を持ち、ウォーレンのお気に入りとなっている企業は、営業利益に占める支払利息の比率が15パーセント以下である。

しかし、この比率は業界によって大きく異なる。たとえば、ウォーレンが14パーセントの株を所有する〈ウェルズ・ファーゴ銀行〉は、営業利益の約30パーセントを利払いにあてている。この水準は、〈コカ・コーラ〉に比べれば高く思えるが、全米の主要5銀行の中では最も低く、最も魅力的な数字と言っていい。〈スタンダード&プアーズ〉からAAAの格付を獲得しているのも、5大銀行の中では〈ウェルズ・ファーゴ〉だけだ。

営業利益に占める支払利息の比率は、その企業が直面している経済的危機のレベルについて、きわめて有益な情報を教えてくれる。投資銀行を例にとって説明しよう。投資銀行の支払利息の比率は、平均で70パーセント程度。二〇〇六年、〈ベアー・スターンズ〉の利息比率は70パーセントだったが、二〇〇七年の九―一一月期には、じつに230パーセントまで跳ね上がった。この差を埋め合わすには、自己資本に手をつけるしかない。だが〈ベアー・スターンズ〉のように、高倍率のレバレッジをきかせた業務を行なう企業にとって、自己資本の減少は大厄災を意味した。こうして、かつて強大な勢力を誇り、1年前には170ドルの株価をつけていた〈ベアー・スターンズ〉は、二〇〇八年三月、1株あたりわずか10ドルで〈JPモルガン・チェース〉に買収されたのだった。

ルールはとても簡潔だ。どの業界においても、営業利益に占める支払利息の比率が最も低い企業は、競争優位性を持っている可能性がいちばん高い。そして、ウォーレン・バフェットの信ずるところでは、永続的競争優位性を持つ企業に投資することが、長期的に金持ちになる唯一確実な方法なのである。

No.17

資産売却益といった経常外のできごとは、会社を判断するさい純利益から除外せよ

●損益計算書　（金額単位：100万ドル）

項目		金額
営業経費	販売費＆一般管理費	2100
	研究開発費	1000
	減価償却費	700
	計	3800
営業利益		3200
支払利息		200
資産売却益（資産売却損）（特別利益/特別損失）		1275
その他		225
計		1700

企業が棚卸資産以外の資産を売ったとき、売却による利益あるいは損失は、〝資産売却益／資産売却損〟の項目に記載される（日本では〝特別利益／特別損失〟の項目がこれにあたる）。この利益／損失は、財務諸表に載っている資産の簿価と、実際の売却価格との差額だ。

たとえば、１００万ドルで取得し、減価償却によって50万ドルの価値となった建物を、80万ドルで売却すれば、資産売却益として30万ドルが計上される。売却額が40万ドルなら、10万ドルの資産売却損が計上される。

〝その他〟の項目でも同様に、営業外の収入と支出、そして臨時の収入と支出が、差し引きした形で記載される。具体例をあげるなら、本業と無関係な固定資産の売却だ。また、通常の業務活動の枠外であるとみなされれば、ライセンス契約や特許権売却による収入も、〝その他〟に振り分けられる。

ときとして、経常外のできごとが会社の最終利益を大きく押し上げる場合もある。しかし、永続的競争優位性の有無を見定める際には、純利益からこれらの要素を除外すべきだとウォーレンは言う。なぜなら恒常的に発生することなどまったく期待できないからだ。

No.18

税引前利益の数字を使えば、さまざまな投資を同条件で比較できる

損益計算書　（金額単位：100万ドル）

項目		金額
営業経費	販売費＆一般管理費	2100
	研究開発費	1000
	減価償却費	700
	計	3800
営業利益		3200
支払利息		200
資産売却益（資産売却損）（特別利益/特別損失）		1275
その他		225
計		1700
税引前利益		1500

〝税引前利益〟とは、会社の売上高から、税金以外のあらゆる経費を差し引いたものだ。ウォーレンは、企業をまるごと買収するときも、株式市場を通じてビジネスの一部を買うときも、そのリターンを計算するさいに税引前利益の数字を重視する。

非課税の金融商品を除くと、すべての投資は基本的に税込みの形で販売される。あ

らゆる投資はたがいに競合するので、比較のためには条件をそろえたほうがいい。

あるときウォーレンは、米西海岸の地域電力供給会社〈ワシントン・パブリック・パワー・サプライ・システム（WPPSS）〉の非課税債券を1億3900万ドル分購入し、非課税の利子を2270万ドル手にした。

税引後の2200万ドルは、税引前の4500万ドルに相当する。そして、4500万ドルの税引前利益を稼ぎ出すビジネスを買収するには、2億5000万ドルから3億ドルの投資が必要となる。つまり、同等の経済性を持つビジネスの買収と比較したとき、WPPSSの非課税債券は、50パーセントの値引き販売をされているようなものだったのだ。

ウォーレンは常に、企業の利益を税込みの形で論議してきた。だからこそ、さまざまなビジネスや投資を同じ条件で比較することができるのである。

しばしばウォーレンは永続的競争優位性を持つ企業を、利子が右肩上がりでふくらむ〝エクイティ・ボンド〟、言うなれば元本保証型の株価指数連動債券にたとえており、この発想の根底にも、「同条件の比較」という考え方が存在している。彼の〝エクイティ・ボンド〟理論については、のちの章でくわしく説明したい。

No.19

法人税は、真実の語り部である

■ 損益計算書　（金額単位：100万ドル）

項目		金額
売上高		10000
売上原価		3000
売上総利益（粗利益）		7000
営業経費	販売費＆一般管理費	2100
	研究開発費	1000
	減価償却費	700
	計	3800
営業利益		3200
支払利息		200
資産売却益（資産売却損）（特別利益/特別損失）		1275
その他		225
計		1700
税引前利益		1500
納税充当金（法人税）		525

ほかの納税者と同じく、当然、企業も所得にたいする税金を支払わなければならない。現在のアメリカでは、その税率は約35パーセント。支払われた税額は、損益計算書の〝法人税〟の項目に記載される。

法人税の項目について興味深いのは、会社の発表する税込み利益が真実かどうか、この数字からわかるという点だ。ときとして企業は、実際よりも儲けが多いことを世間に示したがる（これを聞いてびっくりする人もいるはずだ）。

彼らがうそつきかどうかを見きわめるには、証券取引委員会（ＳＥＣ）に提出された書類を見て、いくら法人税が支払われたかを確かめればいい。記載されている税込みの営業利益の数字に０・35をかけ、この結果が法人税額と一致しなければ、その企業にはいろいろと疑惑の目を向けるべきであろう。

ウォーレンは長い年月をかけて次の教訓を学んできた。国税当局の目をあざむくのに忙しい企業は、株主の目をあざむくためにも努力を惜しまない、と。

長期的競争優位性を持つ企業の美点は、あまりにも稼ぎがいいため、誰かの目をあざむいたり、自分を良く見せたりする必要がないところだろう。

No.20

まず第一に、純利益が右肩上がりかどうかを確かめよ

損益計算書　（金額単位：100万ドル）

項目		金額
売上高		10000
売上原価		3000
売上総利益（粗利益）		7000
営業経費	販売費＆一般管理費	2100
	研究開発費	1000
	減価償却費	700
	計	3800
営業利益		3200
支払利息		200
資産売却益（資産売却損）（特別利益/特別損失）		1275
その他		225
計		1700
税引前利益		1500
納税充当金（法人税）		525
当期純利益		975

売上高からすべての経費と税金を引けば、会社の〝純利益〟が導き出される。ここまで来て初めて、法人税を支払ったあとにのこる企業の儲けがわかるわけだ。永続的競争優位性の有無を判断するさい、ウォーレンは純利益をふたつの側面から検討する。以下でくわしく説明しよう。

ウォーレンはまず第一に、純利益が長期的に右肩上がりで推移しているかどうかを確かめる。単年の純利益がどうだろうと、彼にとっては何の意味もなさない。大局的に見て収益に一貫性はあるのか、長期的トレンドは右肩上がりになっているのか、競争優位性は〝永続的〟なのか、という点に彼は着目する。ウォーレンからすると、道のりはかならずしも平坦である必要はない。長期的に上向きのトレンドさえあればいいのだ。

しかし、注意してほしい。企業が自社株買いを実行した場合、純利益の長期的トレンドと、1株あたり利益の長期的トレンドは、必ずしも一致しなくなる。自社株買いは、発行済株式総数を減らすことにより、1株あたり利益を押し上げる効果を持っている。発行済株式総数が少なくなれば、純利益を割るさいの分母が小さくなるため、純利益自体が増加しなくても1株あたり利益は増加するのだ。極端な例を言うと、純利益が減少している局面でも、自社株買いを行なえば1株あたり利益を高められるのである。

ほとんどの金融分析は、企業の1株あたり利益を重視するが、ウォーレンは純利益の数字を注視することで、ビジネスの現実を見定めている。

ウォーレンが学んできたのは、永続的競争優位性を持つ企業は競合他社と比べて、売上高に占める純利益の割合が高い傾向があるという事実だ。彼によれば、売上高が１００億ドルで利益が20億ドルのビジネスと、売上高が１０００億ドルで利益が50億ドルのビジネスがあった場合、所有したいのは前者だ。なぜなら、売上高に占める純利益の割合で見ると、前者は20パーセントなのに対し、後者は５パーセントに過ぎないからである。

結局、売上高の数字だけからわかることは少ないが、売上高に占める純利益の割合の数字は、その企業の経済性について多くを語ってくれるだけでなく、ほかのビジネスとの比較を可能にしてくれる。

優良企業の純利益の比率は、たとえば〈コカ・コーラ〉で21パーセント、〈ムーディーズ〉ではなんと31パーセントにのぼり、いずれの場合も、ビジネスの秀逸な根源的経済性が反映されている。

対照的に〈サウスウエスト航空〉の７パーセントという数字は、航空産業のきびしい競争体質と、どの参加者も長期的経済優位性を持ちえない業界の実情を反映している。

また〈ＧＭ〉は、業績が良好な年でも、純利益の比率はわずか３パーセントにとどまっている。業績が良好といっても、〈ＧＭ〉の場合は、赤字を出さずにすんだ年という意味だが――。この数字が示すのは、激烈な競争環境におかれた自動車産業の劣悪な経済性だ。

原則を言うと（もちろん例外は存在する）、売上高に占める純利益の割合が、長期的に20パーセント以上で推移してきた企業は、何らかの長期的競争優位性から恩恵を受けている可能性がきわめて高い。逆に、一貫して10パーセント以下を示しつづける企業は、どの参加者も永続的競争優位性を持ちえない過当競争気味の業界に属している可能性が高い。

以上の原則に従うと、10パーセントから20パーセントのあいだには、広大なグレーゾーンがのこる。したがって、まだだれも見つけていない長期投資の金の卵を発掘したいなら、ここを探ってみればいい。

この原則の例外としては、銀行と金融会社があげられる。金融業界の場合、異様に高い純利益の割合は、リスクマネジメント部門の怠慢を意味する。投資家にとってはそそられる数字でも、注意深く目を凝らせば、楽な金儲けの裏には必ず巨大なリスクが潜んでいるものなのだ。

金貸しという名のゲームにおいて、濡れ手で泡をもくろむ者は、短期的な利益に目がくらみ、長期的な厄災に巻き込まれやすい。そして、そうした金融界の厄災に見舞われることは、金持ちへの道が遠のくことにひとしい。

No.21

1株あたり利益の長期的推移から、勝者と敗者を見分ける

〝1株あたり利益〟とは、企業が特定の期間内にあげた純利益を、発行済み株式の総数で割ったものである。この数字は投資界では重要視されている。なぜなら、1株あたり利益が高ければ高いほど、原則的に株価も高くなるからだ。

企業の1株あたり利益をはじき出したいなら、純利益を発行済株式総数で割ればいい。たとえば、ある年の純利益が1000万ドルで、発行済株式総数が100万株なら、その年度の1株あたり利益は10ドルということになる。

永続的競争優位性を持つ企業を探し出したいとき、単年の1株あたり利益の数字は判断材料にならないが、10年間の1株あたり利益の推移を見れば、その企業が長期的競争優位性を持っているかどうかがはっきりとわかる。ウォーレンが求めるのは、1株あたり利益が10年のスパンで一貫性と上昇トレンドを示している企業だ。

具体的に言うと、優良ビジネスは次ページ上段のような数字の推移を示す。

ウォーレンはこれらの数字から、収益の一貫性と長期的上昇トレンドを読みとって

いる。

一貫性と上昇トレンドは、その企業が何らかの長期的競争優位性から恩恵を受けている、という動かぬ証拠である。収益の一貫性はたいていの場合、その企業のひとつの製品もしくは複数の製品群に、金食い虫となる改良プロセスが必要ないことを表わしている。いっぽう、収益の長期的上昇トレンドは、広告宣伝と業務拡張を通じた市場シェアの増大や、自社株買いをはじめとする金融工学的な活動に資金を注ぎ込めるだけの充分な経済性が存在することを表わしている。

また、ウォーレンが敬遠するタイプの企業は、下段のような収益状況を示す。

ウォーレンが求める優良ビジネス

1998年	1ドル42セント
1999年	1ドル30セント
2000年	1ドル48セント
2001年	1ドル60セント
2002年	1ドル65セント
2003年	1ドル95セント
2004年	2ドル06セント
2005年	2ドル17セント
2006年	2ドル37セント
2007年	2ドル68セント
2008年	2ドル95セント

ウォーレンが敬遠するビジネス・タイプ

1998年	5ドル24セント
1999年	8ドル53セント
2000年	6ドル68セント
2001年	1ドル77セント
2002年	3ドル35セント
2003年	5ドル03セント
2004年	6ドル39セント
2005年	−6ドル05セント
2006年	3ドル89セント
2007年	−0ドル45セント
2008年	2ドル50セント

ウォーレンが看破するとおり、このような下降トレンドと、時折のマイナス収益を示す企業は、所属する業界特有の過酷な競争に苦しみ、にわか景気に翻弄される可能性が高い。需要が供給を上まわると、企業は需要を満たすために生産を増大させる。しかし、この方針はコスト増を招き、最終的には業界全体の供給過剰を招く。供給過剰は価格下落につながり、次のにわか景気がやってくるまで、企業は赤字を垂れ流すこととなる。

何千となく存在するそのような会社は、収益が安定しないため、株価は乱高下を繰り返す。そして、昔ながらのバリュー投資家は、今が絶好の買い場であるという幻想を抱く。しかし、彼らが身銭を切って乗り込むのは、行くあてもなくのろのろと進む泥船なのだ。

Chapter 3

バフェット流貸借対照表の読み方

「人生はとかく最も弱い部分から浸食される。これは、ほとんどのビジネスとほとんどの人間にあてはまり、今のところまだだれも深く考察していない面白い発見だ。自分の経験から言うと、人間の大きな弱点はふたつある。それは酒とレバレッジだ。わたしは、多くの人びとが酒と借金によるレバレッジで失敗するのを目のあたりにしてきた」

——ウォーレン・バフェット

No.22
企業が何を持っているか、何を借りているか。差し引けば、企業の正味価値が算出される

ある企業に永続的競争優位性があるかないかを見定めるさい、ウォーレンがまずすませておくのは、その企業がどれだけの資産（現金や不動産）を持っているのか、そして取引先や銀行や社債保有者にどれだけの借金をしているのか、という点の確認だ。この作業を完了させるため、彼は〝貸借対照表〟に目を通す。

損益計算書とちがって、貸借対照表は特定の日付における企業の状況を示している。だから、通期や四半期の貸借対照表というものは存在しない。1年のどの時点でも作成は可能だが、通常は、企業の会計担当部門で各四半期末に作成される。特定の日付における企業の財政状況を、スナップ写真のように切り取ったものが貸借対照表である、と考えるとわかりやすいかもしれない。

例として掲げた次の表を見てほしい。貸借対照表はふたつの部分に分けられる。〝資産の部〟と〝負債と純資産の部〟だ。〝資産の部〟には、現金、売掛金、棚卸《たなおろし》資産、土地および生産設備など、さまざまな資産が記載されている。

もうひとつは〝負債と純資産の部〟だ。

そのうちの負債の部は、〝流動負債〟と〝長期負債〟に細分される。流動負債とは1年以内に返済期限を迎える債務のことで、買掛金、未払費用、短期借入金、長期借入金満期分などが含まれる。

これにたいし長期負債とは、1年超あとに返済期限を迎える債務のことで、取引先にたいする買掛金、未払法人税、銀行借入金、社債などが含まれる。

永続的競争優位性を持つ企業を探すとき、ウォーレンは貸借対照表の資産と負債の全項目をチェックする。これらの各項目については、のちほど説明していきたい。

全資産から全負債を引くと、純資産（自己資本）がはじき出される。たとえば、資産が10万ドルで負債が2万5０００ドルなら、純資産は7万5０００ドルとなり、資産が10万ドルで負債が17万5０００ドルなら、純資産（自己資本）はマイナス7万5０００ドルとなる。

資産－負債＝純資産（自己資本）

ＯＫ、これで貸借対照表の入門編はおしまいだ。続いてはそれぞれの項目の中身に

貸借対照表の例

（単位は100万ドル）

資産の部	
項目	金額
流動資産	
・現金および短期投資	4208
・棚卸資産合計	2220
・売掛金、純額	3317
・前払費用	2260
・その他流動資産、総額	0
●流動資産合計	12005
長期性資産	
・土地および生産設備	8493
・のれん代、純額	4246
・無形資産、純額	7863
・長期投資	7777
・その他長期性資産	2675
●長期性資産合計	31054
資産合計	43059

負債の部	
項目	金額
・買掛金	1380
・未払費用	5535
・短期借入金	5919
・長期借入金満期分	133
・その他流動負債	258
●流動負債合計	13225
・長期借入金	3277
・未払法人税	1890
・少数株主持分	0
・その他負債	3133
●長期負債合計	8300

純資産の部	
項目	金額
・優先株	0
・普通株	1296
・資本剰余金	7378
・内部留保	36235
・自己株式、普通株	-23375
●純資産合計	21534
負債・純資産合計	43059

踏み込み、永続的競争優位性を持つ企業を探すさい、ウォーレンがどのように貸借対照表を活用しているかを説明していこう。

No.23

資産の部には、企業の富が並んでいる

貸借対照表（単位は100万ドル）

資産の部	
項目	金額
流動資産	
・現金および短期投資	4208
・棚卸資産合計	2220
・売掛金、純額	3317
・前払費用	2260
・その他流動資産、総額	0
●流動資産合計	12005
長期性資産	
・土地および生産設備	8493
・のれん代、純額	4246
・無形資産、純額	7863
・長期投資	7777
・その他長期性資産	2675
●長期性資産合計	31054
資産合計	43059

貸借対照表の〝資産の部〟には、あらゆるプラスの要素が記載されている。具体的に言えば、現金、生産設備、特許権など、企業の富を構成するすべてのものだ。

貸借対照表上の企業資産は、〝流動資産〟と〝長期性資産〟に大別されている。

流動資産には、〝現金および現金同等物〟、〝短期投資〟、〝売掛金〟、〝棚卸《たなおろし》資産〟、

〝その他流動資産〟などが含まれる。

流動資産という呼び名がつけられたのは、現金と、短期間（たいていは1年以内）で現金化できるもので構成されているからだ。それゆえ、かつて流動資産は、クイック・アセット、リキッド・アセット、フローティング・アセットなどと呼称されてきた。原則的に、貸借対照表上の流動資産の各項目は、流動性の高い順（現金化にかかる時間が短い順）に並べられる。

しかし、ここで重要なのは、流動資産のそうした高い換金性と使い勝手の良さが、かえってビジネスの経済性を弱体化させてしまうことがあるという点だ。その結果、企業は日々の運転資金の枯渇という重大な危機に直面する。

もしも運転資金の源がひと晩で枯渇する事態を想像できないなら、投資銀行〈ベアー・スターンズ〉のことを思い出してみてほしい。債権者たちはある日突然、〈ベアー・スターンズ〉の担保に疑問を呈し、資金貸出のストップを宣言したのである。

〝長期性資産〟とは、現金化まで一年超かかる資産のことだ。貸借対照表では流動資産の次の段に記され、長期投資、土地および生産設備、のれん代、無形資産、なし崩し償却費累積額、繰延長期資産などが含まれる。

〝流動資産〟と〝長期性資産〟を合算すれば、企業の総資産額がはじき出される。ウォーレンはこの全体の数字からも、個々の項目の数字からも、ビジネスの経済的特性についてきわめて多くの情報を読みとっている。そのうえで、渇望してやまない永続的競争優位性が存在するかどうか、その企業が自分を超リッチにしてくれるかどうかを、質と量の両面から見定めるのである。

この先の数章では、資産の種類をひとつずつ解説し、ある企業が永続的競争優位性を持っているかどうかを確かめるさいに、ウォーレンがどのようにその情報を活用しているのかを明らかにしていきたい。

No.24

流動資産のサイクルに注目せよ。金はこうして生み出される

貸借対照表　（単位は100万ドル）

資産の部	
項目	金額
流動資産	
・現金および短期投資	4208
・棚卸資産合計	2220
・売掛金、純額	3317
・前払費用	2260
・その他流動資産、総額	0
●流動資産合計	12005

流動資産は〝運転資産〟とも呼ばれる。なぜなら、棚卸《たなおろし》資産の売買をめぐる現金のサイクルを形づくっているからだ。棚卸資産が小売業者に売却されると、この金額は売掛金に計上され、小売業者から回収された売掛金は、今度は現金の項目に計上される。

現金→棚卸資産→売掛金→現金

このサイクルが何度も何度も繰り返されて、ビジネスは利益を生み出していくのである。

ビジネスの経済的特性と、市場における永続的競争優位性の有無を見きわめるさい、流動資産のサイクルに含まれるさまざまな要素は、ウォーレンに数多くの判断材料を提供してくれている。

No.25

大不況という困難な時代がやってきたとき、現金は最大の武器となる

貸借対照表　（単位は100万ドル）

資産の部	
項目	金額
流動資産	
・現金および短期投資	4208
・棚卸資産合計	2220
・売掛金、純額	3317
・前払費用	2260
・その他流動資産、総額	0
●流動資産合計	12005

ウォーレンが初期の段階で確かめるのは、資産の中にどれくらいの〝現金および現金同等物〟が含まれるかという点だ。

〝現金および現金同等物〟とは呼称が示すとおり、現金そのものと、現金と同等のもの、すなわち銀行の短期ＣＤ（譲渡性預金証書）、３カ月ものの財務省証券、流動性

の高いその他資産などを合わせた資産を指す。

〝現金および現金同等物〟が多いとき、ウォーレンは良い解釈と悪い解釈のふた通りを考える。その企業が競争優位性を生かして大量の現金を稼ぎ出している、というのが良い解釈。事業の一部や多量の社債を売ったばかりである、というのがあまり良くない解釈だ。

逆に、保有する現金が少量もしくはゼロの企業は、たいていの場合、根源的経済性が平凡もしくは貧弱である。企業の状況を見きわめる力をつけるため、現金資産についてもう少し深く掘り下げてみよう。

伝統的に、企業はビジネス活動の支えとして、大量の現金を貯め込もうとする。言うなれば、万一に備えて巨大な小切手帳を持つようなものだ。しかし、出ていく現金より入ってくる現金のほうが多ければ、現金はどんどん貯まり、今度は剰余金をどう投資して運用すべきかという問題が発生する。もっとも、こんな贅沢な悩みなら大歓迎だが……。

この場合、現金を銀行に預けても、ＣＤに換えて保有しても、低い収益しか期待できない。高い収益を望むなら、事業活動や投資に注ぎ込むほうがいい。あなただって短期ＣＤの収益が４パーセントで、マンション経営の収益が20パーセントなら、文句なしにマンション経営を選ぶはずだ。ビジネスでも同じことが言える。企業の稼ぎ出す現金が運転資金を上まわれば、現金はどんどん貯まっていき、企業は剰余金の使い道を決める必要に迫られる。

伝統的な使い道としてあげられるのは、事業の拡大、新しいビジネスの買収、市場での株式取得を通じたビジネスの部分的所有、自社株買い、株主への現金配当などである。しかし、きわめて多くの企業が選択するのは、緊急事態に備えて現金のまま蓄えておくという道なのだ。変化と難題に満ちた今の世界では、財政面で万全を期しておくに越したことはないと、多くの企業は考えているのである。

基本的に、巨額の現金を備蓄するためには三つの方法がある。第一は、社債や株式を新規発行して一般大衆に売る方法。第二は、所有する事業や資産を売却する方法。いずれの場合も、何かに使用するまでは、大量の現金が手元にのこる。第三は、運転資金よりも多くの現金を本業で稼ぎ出す方法だ。

ウォーレンが目を釘付けにするのは、この三つめのシナリオである。なぜなら、本業の結果として剰余金を蓄えられる企業は、多くの場合、何らかの永続的競争優位性から好業績を引き出しているからだ。

ある企業が一時的な事業上のトラブルに苦しみ、近視眼的なウォール街の連中に愛想を尽かされ、株価の暴落に見舞われているとき、ウォーレンはその企業が蓄えている現金や有価証券の額をチェックする。そして、直面する危機を乗り切れるだけの財政力があるかないかを冷静に見きわめるのだ。

ルールは単純明快だ。大量の現金と有価証券を保有し、借入金がほとんど、もしくはまったくない企業は、トラブルの荒波を無事に乗り切る可能性がきわめて高い。逆に、現金不足に苦しみ、負債の山を抱える企業は、世界最高の経営者が乗り込んでも沈没してしまう可能性が高い。

企業の現金の出所を確かめたいなら、簡単なテストをすればいい。現在保有されている現金が、社債や株式の新規発行、あるいは資産や事業の売却によって生じたものなのか、それとも、日々のビジネス活動を通じて蓄積されてきたものなのかは、過去7年間の貸借対照表を見ればすぐにわかる。

大量の借入金が存在している場合、その企業は優良ビジネスではない可能性が高い。逆に、大量の現金を保有していながら、借入金が少量もしくはゼロで、株式発行や資産売却をしておらず、長期的に収益の一貫性が確認できる場合は、永続的競争優位性を持つ優良ビジネスの可能性が高い。ウォーレンが探し求め、長期的にわたしたちを金持ちにしてくれるのは、このような企業なのである。

大不況という困難な時代がやってきたときに、現金が最大の武器となることを、ゆめゆめ忘れてはならない。自分が現金を持っていて、ライバルが持っていなければ、わたしたちは世界を支配できる。

そして、世界を支配するのは、笑いが止まらないほど愉快なことなのである。

No.26

棚卸資産の急激な増減がある企業は、要注意

貸借対照表　（単位は100万ドル）

資産の部	
項目	金額
流動資産	
・現金および短期投資	4208
・棚卸資産合計	2220
・売掛金、純額	3317
・前払費用	2260
・その他流動資産、総額	0
●流動資産合計	12005

〝棚卸資産〟とは、将来の売却のために、倉庫で蓄えている製品のことだ。貸借対照表は特定の日付で作成されるため、貸借対照表上の棚卸資産の数字は、その日付における在庫品の価値を示している。

多くのビジネスは、棚卸資産が無用のものになったり時代遅れとなるリスクを抱え

ている。しかし、今までに見てきたとおり、〈コカ・コーラ〉など他にはないユニークな製品を売って永続的競争優位性を持つ企業は、自社製品に改良を加える必要がない。言葉を換えるなら、決して時代遅れにならないという点が強みとなっているのだ。ウォーレンはこのような優位性を探し求めている。

そうした永続的競争優位性を持つ企業では、棚卸資産と純利益がともに増加する傾向がある。製品販売を伸ばして収益を向上させているので、注文を期日どおりにさばくために、在庫を増加させる必要に迫られるからだ。

逆に、ある企業の棚卸資産が急増したかと思うと、わずか数年後に急落するというケースもある。その場合は、過酷な競争体質を持つ所属業界の中で、バブルとバブルの崩壊を経験した可能性が高い。そして、バブル崩壊の波をかぶってしまっては、そのような企業に投資して金持ちになることなど夢のまた夢なのである。

No.27

総売上高に占める売掛金の割合が、一貫して他社より低い企業は、ある種の競争優位性を持つ可能性が高い

貸借対照表 （単位は100万ドル）

資産の部	
項目	金額
流動資産	
・現金および短期投資	4208
・棚卸資産合計	2220
・売掛金、純額	3317
・前払費用	2260
・その他流動資産、総額	0
●流動資産合計	12005

企業が製品を小売業者に売るときには、基本的にふたつの方法が存在する。現金で前払いする方法、もしくは、製品の受け渡しから30日以内に後払いする方法だ。ビジネスの種類によっては、支払期限が30日を超える場合もある。

このように現金の支払いが繰り延べされ、宙ぶらりんになった売上のことを〝売掛

金〟と呼ぶ。売掛金はいわば企業が貸している金だ。しかし、小売業者の何分の一かは、製品を受けとっておいて代金を踏み倒すため、売掛金から推定貸倒金を引いた〝売掛金純額〟という数字も用いられる。

売掛金−貸倒金＝売掛金（純額）

売掛金（純額）の数字だけを見ても、企業の永続的競争優位性についての情報はほとんど得られない。しかし、同業種の企業どうしを比較するさいには、大いに役立つ。競争がきわめて激しい業界では、取引相手に有利な支払条件を示すことで、同業他社より抜きん出ようとする企業が出てくるからだ。たとえば、支払期限を30日から120日に延ばせば、この会社と取引をしようとする業者が増えるだろう。この場合、会社の売上とともに売掛金も増加していく。

したがって、もしも総売上高に占める売掛金（純額）の割合が、一貫して同業他社よりも低い企業があったとしたら、ある種の競争優位性を持っている可能性が高い。そうした強みがあるからこそ取引条件を妥協する必要もなく、他社より有利にビジネスをしていけるのである。

No.28

前払費用は流動資産に分類される

■ 貸借対照表　（単位は100万ドル）

資産の部	
項目	金額
流動資産	
・現金および短期投資	4208
・棚卸資産合計	2220
・売掛金、純額	3317
・前払費用	2260
・その他流動資産、総額	0
●流動資産合計	12005

ときとして企業は、近い将来に受けとる製品やサービス——言葉をかえれば、まだ所有していない製品や、まだ受けていないサービスの代金を、前もって支払うことがある。

まだ受け取ってはいないものの、すでに代金を支払い済みなので、これらの製品とサービスは企業の資産とみなされ、流動資産の〝前払費用〟の項目に記載される。たとえば一括払いされた1年分の保険料は、典型的な前払費用だ。ビジネスの特性についても、永続的競争優位性を持っているかどうかについても、前払費用の数字はほとんど判断材料にはならない。

〝その他流動資産〟とは、1年以内に引き渡されるものの、まだ企業の手には渡っていない現金以外の資産のことだ。これには、1年以内に税金と相殺できる繰延税金資産などが含まれる。

No.29

流動比率で企業の優劣を見分けることはできない

貸借対照表　（単位は100万ドル）

資産の部	
項目	金額
流動資産	
・現金および短期投資	4208
・棚卸資産合計	2220
・売掛金、純額	3317
・前払費用	2260
・その他流動資産、総額	0
●流動資産合計	12005

流動資産合計の数字は、長いあいだ、企業の財務分析において重要な役割を演じてきた。流動資産から流動負債を引けば、企業が短期負債を完済できるかどうかがわかる、というのがアナリストたちの伝統的な主張だった。

彼らはまた〝流動比率〟と呼ばれる指標もつくり出した。流動資産を流動負債で割って得られるこの比率は、高ければ高いほど、その企業の流動性がすぐれているとされる。

流動資産÷流動負債=流動比率

流動比率は1より高ければ良く、1より低ければ悪い。1より低い企業は、短期負債の返済に苦労すると考えられている。

しかし、おもしろいことに、永続的競争優位性を持つ企業の多くは、流動比率が分岐点である1を割り込んでいる。〈ムーディーズ〉は0・64、〈コカコーラ〉は0・95、〈プロクター&ギャンブル〉は0・82、大手ビール・メーカーの〈アンハイザー・ブッシュ〉は0・88といった具合だ。

旧来の学説からすれば、これらの優良企業は流動負債の返済に窮しているはずだ。しかし実際は、とてつもなく大きな収益力のおかげで、いとも簡単に流動負債を返済できるのである。同様に、優良企業は追加の現金が短期的に必要となっても、コマーシャルペーパー（信用力の高い企業が発行する無担保の約束手形）で資金を市場から安く調達することができる。これも力強い収益力のおかげだ。

優良企業はあり余る収益を、高額な配当や自社株買いに振り向ける。それは企業の現金保有高を減少させ、流動比率を1以下に押し下げる。しかしながら、優良企業の永続的競争優位性は、一貫して高い収益を生みつづけるため、流動負債の支払いは滞りなく行なわれ、景気変動や不況の波に翻弄されることもないのだ。

要するに、永続的競争優位性を持つ企業の多くが、1を下まわる流動比率を示しているのである。こうした例が存在する以上、永続的競争優位性の有無を判定するときに、流動比率はほとんど判断材料にならない。

No.30

変更の必要がない製品を一貫して生産しつづけることは、一貫して収益をあげつづけることにひとしい

貸借対照表 （単位は100万ドル）

資産の部	
項目	金額
●流動資産合計	12005
長期性資産	
・土地および生産設備	8493
・のれん代、純額	4246
・無形資産、純額	7863
・長期投資	7777
・その他長期性資産	2675
●長期性資産合計	31054
資産合計	43059

企業が保有する〝土地と生産設備〟の全体価値は、貸借対照表に資産として記載される。記載される数字は、取得時のコストから減価償却費累積額を引いたものである。生産設備は時間とともに少しずつ損耗していく。だから、生産設備の価値にたいしては、毎年、減価償却を行なわなくてはならない。

永続的競争優位性を持たない企業は、日々、絶え間ない競争に直面させられている。競争から脱落しないようにするためには、たとえ設備が完全に損耗していなくても、絶え間なく生産設備を更新しつづけなければならない。このような状況は、当然、莫大な出費をもたらし、貸借対照表上の〝生産設備〟の数字をふくらませる。

いっぽう、永続的競争優位性を持つ企業は、競争の参加費として絶え間なく生産設備を更新する必要などない。ブランド力の強いガム・メーカー〈リグリー〉を例にとってみよう。〈リグリー〉はチューイングガムの製造工場を建てたあと、完全に損耗するまで生産設備を使い切ることができる。

つまり、永続的競争優位性を持つ企業は、完全に損耗した時点で工場を建て替えればよいわけだ。それにひきかえ永続的競争優位性を持たない企業は、競争から脱落しないためだけに、生産設備を更新しつづけなければならない。

また、永続的競争優位性を持つ企業は、新しい生産設備をととのえる資金を内部で調達できる。対照的に、永続的競争優位性を持たない企業は、工場の設備更新の資金を、外部からの借金で調達してくるしかない。それもひっきりなしに。

先にあげた〈リグリー〉は、14億ドル相当の〝生産設備〟と、10億ドルの負債を抱え、毎年5億ドル近い利益をあげている。ところが永続的競争優位性を持たない企業、たとえば〈GM〉は、560億ドル相当の〝生産設備〟と、400億ドルの負債を抱え、直近の2年間は大赤字におちいっている。

チューイングガムは大きな変化が起こる製品ではなく、〈リグリー〉のブランド名はライバル各社にたいする競争優位性を確立している。対照的に、〈GM〉は世界じゅうのあらゆる自動車メーカーと正面切って競争しなければならず、競争から脱落しないためには、製品のラインナップを絶え間なく改良・再設計しつづける必要がある。言葉を換えるなら、〈GM〉は新製品を投入するごとに、生産設備を一新しなければならないのである。

したがって株主にとっては、車をつくるよりもチューイングガムをつくるほうが、はるかに優良ではるかに収益性の高いビジネスと言える。実際、一九九〇年に〈リグリー〉の株を10万ドル分購入していれば、二〇〇八年での価値は約54万7000ドル。一九九〇年に〈GM〉に10万ドル投資していたら、二〇〇八年での価値は約9万7000ドルだ。

〈リグリー〉の株主は〈GM〉の株主より、およそ46万ドル分儲かる計算になる。〈リグリー〉の株主が金持ちになる幸せを噛みしめる一方、〈GM〉の株主は自分の未来が脱輪するのを目のあたりにするわけだ。

ウォーレンは次のように言う。

「変更の必要がない製品を一貫して生産しつづけることは、一貫して収益をあげつづけることにひとしい」

同じ製品を一貫して生産しつづければ、競争力を保持するためだけに生産設備の更新に莫大な資金を注ぎ込む必要がなくなり、莫大な剰余金を収益性の高い事業に振り向けられる。

リッチになりたいなら、まず第一に金を儲けなければならず、儲ける金は多いに越したことはない。そして、多くの金を儲けるひとつの方法は、隣人たちと競い合う参加料として、莫大な資金を注ぎ込まずにすむ状況をつくり出すことなのである。

No.31

どんな会社を買収しているのか。のれん代が増加している企業に注目

● 貸借対照表　（単位は100万ドル）

資産の部	
項目	金額
●流動資産合計	12005
長期性資産	
・土地および生産設備	8493
・のれん代、純額	4246
・無形資産、純額	7863
・長期投資	7777
・その他長期性資産	2675
●長期性資産合計	31054
資産合計	43059

たとえば、〈エクソン〉が〝XYZ石油〟という会社を買収したとき、〝XYZ石油〟の帳簿価額（純資産価値）よりも高い代金を支払ったとすると、この超過分は、〈エクソン〉の貸借対照表上で〝のれん代〟の項目に計上される。多数の企業を簿価以上で買収した場合、買収元の企業の貸借対照表には、多額ののれん代が記載される

こととなる。

以前は、のれん代は償却のプロセスを通じて、ビジネスの収益と相殺されていた。毎年、損益計算書の〝のれん代償却〟の項目で、企業の利益から差し引かれていたのだ。近年、米国のＦＡＳＢ（財務会計基準審議会）は基準を見直し、のれんを持つ企業自体の価値が実際に低下していなければ、のれん代を償却の対象にしなくてもよいと定めたのである。

長期にわたってのれん代が増加している場合、その企業が他企業の買収に血道をあげている、という状況が考えられる。永続的競争優位性を持つ企業を買っているなら、この状況は好ましいことと言っていいだろう。

もしも、のれん代の数字が何年間も同じままなら、簿価以下での企業買収を行なっているか、企業買収自体をまったく行なっていないかのどちらかである。

ただし、何らかの永続的競争優位性から利益をあげている企業が、簿価以下で売りに出されるケースはほとんど皆無と言っていい。ほとんど皆無と言ったのは、ごくまれに売りに出されることがあるからだ。このような場合、一世一代の買収の好機を逃す手はない。

No.32

無形資産を評価してこそ超リッチの道がひらける

貸借対照表　（単位は100万ドル）

資産の部	
項目	金額
●流動資産合計	12005
長期性資産	
・土地および生産設備	8493
・のれん代、純額	4246
・無形資産、純額	7863
・長期投資	7777
・その他長期性資産	2675
●長期性資産合計	31054
資産合計	43059

〝無形資産〟とは、特許権、著作権、商標、フランチャイズ、ブランド名など、物理的に触れることのできない資産を指す。遠い昔は、企業が通用すると思えば、無形資産をどのようにでも評価することができた。ときには笑ってしまうような評価も散見され、悪用はあとを絶たなかった。最近では、企業内で構築された無形資産を、貸借

対照表に記載することは許されていない。空想的な評価をした無形資産で、貸借対照表を水増しするような時代は終わったのだ。

しかし、第三者から入手した無形資産は、公正価格で貸借対照表に記載される。資産に寿命がある場合——たとえば特許権——は、有効期間内で償却を行ない、毎年、償却分が損益計算書と貸借対照表に計上される。

永続的競争優位性を持つ企業には、奇妙な現象が起こる。たとえば、〈コカ・コーラ〉は、価値にして1000億ドル以上のブランド名を所有しているが、このブランド名は自社内で構築された資産なので、無形資産としての実勢価値が〈コカ・コーラ〉の貸借対照表に反映されることはない。これと同じ状況が、〈リグリー〉にも、〈ペプシ〉にも、〈マクドナルド〉にも、〈ウォルマート〉にも発生する。優良企業の永続的競争優位性は、企業名と密接に結びついているが、最大の資産とも言うべきブランド名の価値は、貸借対照表から読みとることはできないわけだ。

株主の財産を増やしてくれる永続的競争優位性の力が、長いあいだ投資家たちの目にとまらなかった理由のひとつは、この無形資産の評価にある。10年分の損益計算書を子細に比較してみなければ、永続的競争優位性の存在を探り当てたり、自分を超リッチにしてくれる潜在性を確認したりすることはむずかしい。ウォーレンはそうした努力を怠らなかった。だからこそ、〈コカ・コーラ〉のような世界のだれもが認める優良企業にたいして、ウォーレンは高い投資比率を保ってこられたのだ。

世界はウォーレンの投資行動をまったく理解できなかった。ベンジャミン・グレアムを祖とするバリュー投資家にとって、〈コカ・コーラ〉の株価は高すぎ、合理的な投資の対象とはなりえなかった。いっぽう、ウォール街のトレーダーたちにとって〈コカ・コーラ〉の株価変動率は低すぎて、魅力的な投資対象とはなりえなかった。

ウォーレンが理解し、ほかの人びとが理解できなかったのは、〈コカ・コーラ〉の永続的競争優位性と、それに伴う長期的収益力だ。実際、〈コカ・コーラ〉の収益力は、長い時間をかけてウォーレンを世界一の大富豪にしていったのである。

No.33

ありふれた会社でも、永続的競争優位性を持つ企業に投資していれば、いつしか秀でた存在となる

■ 貸借対照表　（単位は100万ドル）

資産の部	
項目	金額
●流動資産合計	12005
長期性資産	
・土地および生産設備	8493
・のれん代、純額	4246
・無形資産、純額	7863
・長期投資	7777
・その他長期性資産	2675
●長期性資産合計	31054
資産合計	43059

貸借対照表上の〝長期投資〟という勘定科目には、株式、債券、不動産など1年を超える長期投資の価値が記される。関連会社や子会社への投資も、この勘定に含まれる。

長期投資勘定について興味深いのは、取得価格と市場価格のうち、低いほうの価格

で記載される点だ。アメリカの会計基準では、取得後に投資の価値が高騰した場合でも、取得時の価格を上まわる数字を計上することは許されない。つまり、企業がきわめて価値の高い資産を保有していても、財務諸表には市場価格よりきわめて低い数字が記されている、という状況が発生しうるわけだ。

長期投資を見れば、経営陣の投資にたいする考え方がよくわかる。永続的競争優位性を持つ他企業に投資をしているのか、それとも、過当競争気味の業界で戦う他企業に投資をしているのか？

ときとして優良企業の経営陣が、大きいことは良いことだという理由だけで、凡庸な大企業に巨額の資金を投じる場合がある。また、凡庸な企業の優秀な経営者が、永続的競争優位性を持つ企業に投資する場合もある。

後者の典型例がウォーレン・バフェットだ。今日でこそ帝国と呼ぶにふさわしい彼の持株会社〈バークシャー・ハサウェイ〉も、かつては、過酷な競争を繰り広げる繊維業界に属するありふれた会社だった。ウォーレンは〈バークシャー〉の株を買い集めて経営権を手にすると、配当を停止して現金を貯め、この運転資本を使って保険会社を買収した。それから、保険会社の資産を利用して、40年のあいだ、永続的競争優位性を持つ企業を買ってきたのである。

たとえ見た目が〝カエル〟のような企業でも、永続的競争優位性という〝キス〟を何度もしてやれば、〝王子〟のような企業に変身してくれる。

ウォーレンの場合、保有する〈バークシャー〉の株の価値は、現在６００億ドルに達している。

No.34 1年超のちに払い戻される税金は、その他長期性資産に分類される

貸借対照表　（単位は100万ドル）

資産の部	
項目	金額
●流動資産合計	12005
長期性資産	
・土地および生産設備	8493
・のれん代、純額	4246
・無形資産、純額	7863
・長期投資	7777
・その他長期性資産	2675
●長期性資産合計	31054
資産合計	43059

〝その他長期性資産〟とは、耐用年数が1年を超える資産のうち、〝生産設備〟や〝のれん代〟や〝無形資産〟や〝長期投資〟に分類されないものの集合体である。例をあげるなら、1年超のちに払い戻される前払費用や税金だ。永続的競争優位性の有無を見きわめるとき、〝その他長期性資産〟はほとんど判断材料にならない。

No.35

あまりに高い総資産利益率は、競争優位性の脆弱さを表わしている場合がある

貸借対照表　（単位は100万ドル）

資産の部	
項目	金額
●流動資産合計	12005
長期性資産	
・土地および生産設備	8493
・のれん代、純額	4246
・無形資産、純額	7863
・長期投資	7777
・その他長期性資産	2675
●長期性資産合計	31054
資産合計	43059

流動資産と長期性資産を足せば、その企業の〝資産合計（総資産）〟が導き出される。この資産合計の数字は、負債合計と純資産合計を足した数字にひとしい。資産合計と負債・純資産合計のあいだにはバランスが成り立っており、だからこそ貸借対照表――バランス・シートと呼ばれているのである。

企業がどれほど効率的に資産をつかっているかを見定めるため、アナリストたちは〝総資産利益率〟という重要な指標を考え出した。総資産利益率は、純利益を資産合計（総資産）で割って算出する。

純利益÷資産合計（総資産）＝総資産利益率

どんな業界でも、必要な資本の調達は、新規参入の障壁となる。企業の競争優位性が永続的になるかどうかは、ゲームの参加費がどれだけ高いかによっても左右されるのだ。

〈コカ・コーラ〉は４３０億ドルの資産にたいして総資産利益率が12パーセント、〈プロクター&ギャンブル〉は１４３０億ドルの資産に対して総資産利益率が７パーセント、フィリップモリスなどの企業を傘下におく大手食品・たばこグループ〈アルトリア・グループ〉は５２０億ドルの資産にたいして総資産利益率が24パーセント、〈ムーディーズ〉は17億ドルの資産にたいして総資産利益率が43パーセントである。

アナリストの多くは、総資産利益率が高いほど良いと主張する。しかし、ウォーレンが発見したとおり、あまりにも高い総資産利益率は、競争優位性の脆弱さを表わしている場合もある。

たとえば〈コカ・コーラ〉に対抗すべく４３０億ドルを集めるのは不可能だが、〈ムーディーズ〉に対抗すべく17億ドルを集めるのは、可能の範疇に入ってくる。こうした点から〈ムーディーズ〉の根源的経済性は〈コカ・コーラ〉を凌駕《りょうが》している一方、〈ムーディーズ〉の競争優位性は〈コカ・コーラ〉よりもはるかに脆弱であると言える。なぜなら、業界への参入コストが著しく低いからだ。

総資産利益率は必ずしも高いほうが良いわけではないのである。

No.36

流動負債とは、一年以内に返済すべき金

● 貸借対照表　（単位は100万ドル）

負債の部	
項目	金額
・買掛金	1380
・未払費用	5535
・短期借入金	5919
・長期借入金満期分	133
・その他流動負債	258
●流動負債合計	13225

〝流動負債〟とは、企業が抱える借金と債務のうち、当該年度内に返済すべきものを指す。流動負債を構成するのは、〝買掛金〟、〝未払費用〟、〝短期借入金〟、〝長期借入金満期分〟、〝その他流動負債〟だ。これらの項目をくわしく見ていきながら、永続的競争優位性の有無を見定めるさい、どのように役立てていけばいいかを説明しよう。

No.37

買掛金、未払費用、その他流動負債の三つから企業の現状がわかる

貸借対照表　(単位は100万ドル)

負債の部	
項目	金額
・買掛金	1380
・未払費用	5535
・短期借入金	5919
・長期借入金満期分	133
・その他流動負債	258
●流動負債合計	13225

〝買掛金〟とは、製品やサービスを掛け買いした企業が、サプライヤーにたいして負っている債務のことだ。たとえば、わたしたちがコーヒーを1000ポンド分注文すると、商品とともに請求書が送られてくる。このコーヒー1000ポンドにたいする請求書は、買掛金に分類される。

〝未払い費用〟とは、企業が抱える負債のうち、まだ請求書が発行されていない分を言う。この費用には、売上税預かり金、未払賃金、未払賃借料などが含まれる。たとえば、わたしたちが賃金を月末に払う約束でだれかを雇った場合、月末までに提供される労働は、未払賃金として貸借対照表に記載される。

〝その他流動負債〟とは、ほかのカテゴリーに属さないあらゆる短期債務を詰め込んだ項目である。

買掛金、未払費用、その他流動負債、の三項目を総合すれば、企業の現状について多くの情報を得られるが、ひとつの項目を単独で見るだけでは、ビジネスの長期的経済特性にかんしても、永続的競争優位性の有無にかんしても、決定的な判断材料を得ることはできない。

しかしながら、企業が抱える短期借入金と長期借入金の額を見れば、ビジネスの長期的経済特性にかんしても、永続的競争優位性の有無にかんしても、莫大な量の情報を得ることができる。

No.38

長期借入金より短期借入金が多い銀行は、投資対象から除外せよ

貸借対照表　(単位は100万ドル)

負債の部	
項目	金額
・買掛金	1380
・未払費用	5535
・短期借入金	5919
・長期借入金満期分	133
・その他流動負債	258
●流動負債合計	13225

〝短期借入金〟とは、企業の抱える借金のうち、1年以内に支払うべきものを言う。ここには、コマーシャルペーパーや短期の銀行融資が含まれる。歴史的に見て、短期資金は長期資金よりも安く調達できる。だから、短期で借りた金を長期で貸す、というビジネスモデルが成立しうる。短期市場で借りてきた金利5パーセントの資金を、

長期市場で金利7パーセントで貸す。これほどたやすい金儲けはないだろう。

しかし、この戦略の問題は、貸出の資金を短期市場で調達してくる点にある。言葉を換えるなら、貸した金は1年超先まで戻ってこないのに、借りた金は1年以内に返済しなければならないのだ。これは簡単に思えるかもしれない。返済のための資金を、また短期市場で調達してくればいいからだ。金融界では、この手法を〝借金の繰りまわし〟(ロールオーバー・ザ・デット)と呼ぶ。

ただし、繰りまわしが通用するのは、長期で貸した資金の金利、すなわち7パーセントを、短期金利が下まわっているあいだだけ。短期金利が5パーセントのままなら、繰りまわしは素晴らしいビジネスモデルと言えるが、もしも8パーセントに跳ね上がってしまったら、貸し出した金利以上のパーセンテージで、返済用の短期資金を調達してこなければならなくなるわけだ。このような状況は、わたしたちをリッチにはしてくれない。

もっと悪いシナリオもある。ありったけの資金を長期で貸し出したあと、短期資金の供給元が融資の打ち切りを決断すれば、短期借入の悲劇は新たな局面へ突入する。すなわち、なんの前ぶれもなく、すべての短期資金を返済する必要に迫られるのだ。しかし、借入金はすでに長期で貸し出しているため、手元には返済用の資金などない。

金を返してもらえるのは、何年も何年も先のことだ。

投資銀行〈ベアー・スターンズ〉はまさにこの状況におちいったのだった。同社は短期で資金を借り、住宅ローン担保証券を買い、担保証券を担保にして、また短期資金を借りていた。しかし、ある日突然、債権者たちは現状を認識し、〈ベアー・スターンズ〉にこう通告した。

「例の担保には、君たちが主張するような価値があるとは考えられない。だから、もうこれ以上金は貸したくないし、今までに貸した金を回収したいのだ」

こうして〈ベアー・スターンズ〉は、のっぴきならない状況に追い込まれた。

銀行業における最も賢明かつ安全な金儲けの方法は、長期で借りて長期で貸すことである。だからこそ、銀行はわたしたちの金を、5年物や10年物の預金商品で塩漬けにしようとする。短期で借りて長期で貸す手法のように、手っとり早く儲けることはできないが、長期で借りて長期で貸すのは、はるかに高い健全性と保守性をあわせ持つ金儲けの方法である。そして、わたしたちが銀行と銀行員に望むのは、何を隠そう健全性なのだ。

金融機関の株の購入を検討するとき、もしくは会社全体の買収を検討するとき、ウォーレンは常に、長期借入金よりも短期借入金が多い会社を除外する。彼のお気に入りである〈ウェルズ・ファーゴ〉は、長期借入金1ドルにつき、短期借入金は57セントにすぎない。

対照的に、攻撃型の銀行として知られる〈バンク・オブ・アメリカ〉は、長期借入金1ドルにつき、短期借入金は2ドル9セントに及ぶ。攻撃型の業務運営は、短期的に大金を稼ぎ出す可能性もあるが、長期的には多くの財政危機を招く可能性がある。そして、財政危機の悪影響を受ける側に立つ人間は、決して金持ちにはなれないのである。

不況の時代には、〈ウェルズ・ファーゴ〉のように安定的かつ保守的な銀行が、イケイケで攻撃型の銀行にたいして競争優位性を発揮する。〝永続性〟は、保守的な行動から生じる安定性とも言い換えられる。ほかの銀行が損失を出しているときに、資金を確保していれば、大きなチャンスが生まれるからだ。

短期資金を攻撃的に借り入れる者たちは、金融市場の突然の変動にさらされやすい。事業全体がリスクにさらされ、ビジネスモデルの永続性も失われる。ビジネスの世界では、競争優位性の永続性は処女性にたとえられる。取り戻すより、守るほうがたやすいのである。

No.39

長期借入金満期分と予想されるトラブル

貸借対照表　（単位は100万ドル）

負債の部	
項目	金額
・買掛金	1380
・未払費用	5535
・短期借入金	5919
・長期借入金満期分	133
・その他流動負債	258
●流動負債合計	13225

ほとんどの企業では、長期借入金は毎年、流動負債として計上されるものではない。しかし、ごく少数の大企業の場合、長期借入金の一部が毎年返済期限を迎えることはありうる。ここで懸念される問題は、貸借対照表上で長期借入金満期分が短期借入金の項目に繰り入れられると、実際以上に短期借入金が多く見えてしまう点だ。

原則的に、永続的競争優位性を持つ企業は、事業継続のために長期借入をする必要がほとんど、もしくはまったくない。だから、満期を迎える長期借入金もほとんど、もしくはまったくないわけだ。逆に長期借入金満期分が多い企業は、長期的競争優位性を持っていない可能性が高い。

永続的競争優位性を持っているものの、解決可能な一時的トラブル――たとえば、異業種の子会社の赤字経営――に苦しむ企業に投資するときは、今後満期を迎える長期借入金がどれくらいあるかを確認したほうがいい。大量の長期借入金満期分が1年間に集中すると、投資家たちが二の足を踏むため、株価が下がって絶好の買い場になる可能性もあるからだ。

しかしながら深刻なトラブルに直面している凡庸な企業の場合は、大量の借入金が一気に返済期限を迎えると、キャッシュフローの問題から破産に至る可能性がある。投資先の破綻は、わたしたちの資金に確実な死をもたらす。

そして、死んだ投資を抱えていては、金持ちになることなどとてもできない。

No.40

優良なビジネスは、〝流動性クッション〟を必要としない

貸借対照表　（単位は100万ドル）

負債の部	
項目	金額
・買掛金	1380
・未払費用	5535
・短期借入金	5919
・長期借入金満期分	133
・その他流動負債	258
●流動負債合計	13225

すでに述べたとおり、流動資産を流動負債で割って得られる〝流動比率〟からは、その企業の流動性を知ることができる。流動比率が高ければ高いほど、企業の流動性は高くなり、満期を迎えた流動負債にたいする支払能力も高くなる。

流動比率は1より高ければ良いとみなされ、1より低ければ悪いとみなされる。1

より低い場合、企業は短期借入金の返済に苦しむと考えられている。

しかし、永続的競争優位性を持つ企業の流動比率は、しばしば1を下まわる。このような例外をつくり出すのは、永続的競争優位性から生じる計り知れない収益力だ。要するに、凡庸なビジネスに必要な〝流動性クッション〟を、優良ビジネスの現在の経済状況は必要としていないのである。

流動比率の数字は、左前の企業やありふれた企業の流動性を判断するさいには、とても重要な役割を果たしてくれるが、永続的競争優位性の有無を判断するさいには、ほとんど役に立たない。

No.41

永続的競争優位性を持つ企業は、ほとんどの場合、長期借入金が少額もしくはゼロである

貸借対照表 （単位は100万ドル）

負債の部	
項目	金額
●流動負債合計	13225
・長期借入金	3277
・未払法人税	1890
・少数株主持分	0
・その他負債	3133
●長期負債合計	8300

〝長期借入金〟とは、1年超のちに満期を迎える借入金のことだ。貸借対照表上では、長期負債に分類される。いっぽう、1年以内に支払うべき借入金は、流動負債の短期借入金の項目に記載される。長期的競争優位性を持つ優良企業を探すとき、ウォーレンは財務諸表に記された長期借入金の総額から、その企業の経済特性についてのさま

ざまな情報を読みとっている。

永続的競争優位性を持つビジネスは、多くの場合、貸借対照表上の長期借入金が少額もしくはゼロである、という事実をウォーレンは学んできた。優良企業は膨大な利益をあげているため、事業拡大や企業買収を自己資金でまかなうことができる。だから、巨額な借入を行なう必要性などまったくないのだ。

優良企業を見分けるひとつの方法は、貸借対照表から長期借入金の総額を読みとることである。ただし、1年間の情報で満足してはいけない。直近10年間の長期借入金の状況をチェックする必要があるのだ。

貸借対照表を調査した結果、10年間の事業運営を通じて、長期借入金がほとんど、もしくはまったく生じていなければ、その企業は何らかの強力な競争優位性を持っている可能性が高い。

ウォーレンの投資履歴からわかるのは、ウォーレンが投資したどの優良企業も毎年毎年、すべての長期借入金を3~4年で返済できる純利益を出しているということだ。長期的競争優位性を持つ〈コカ・コーラ〉や〈ムーディーズ〉は、すべての長期借入金を1年分の純利益で完済できる。〈リグリー〉や〈ワシントン・ポスト〉は2年分で完済できる。

しかし、自動車業界で激烈な競争に苦しむ〈GM〉や〈フォード〉は、10年分の純利益をすべて支払いにあてたとしても、貸借対照表上の巨額の長期借入金を完済することができない。

つまり、長期借入金を3〜4年で返済できるだけの純利益をあげている企業は、長期的競争優位性を持つ優良ビジネスの有力候補と言っていいわけだ。

しかし、ひとつ注意点がある。収益性がきわめて高く、借入金が少量もしくはゼロの企業は、レバレッジド・バイアウト（LBO）の標的になりやすい。この場合、買収を仕掛ける側は、標的の資産やキャッシュフローを担保にして買収資金を調達するため、LBOで買収された企業は、巨額の借入金を背負うこととなる。代表的な例としては、一九八〇年代末に行なわれた、タバコ・食品大手〈RJRナビスコ〉の買収があげられる。

対象企業には永続的競争優位性がある、とすべての情報が指し示しているにもかかわらず、貸借対照表の長期借入金が巨額である場合は、LBOの影響で借入金が増えた可能性が考えられる。このようなときは、対象企業の株よりも社債のほうが、良い投資になる可能性が高い。企業の高い収益力が、企業全体の成長ではなく、借入金の返済に集中的に振り向けられるからだ。

ルールは単純明快。長期借入金が少量もしくはゼロの企業は、長期の投資先として成功する可能性が高い。

No.42

少数株主持分は負債に計上される

貸借対照表　（単位は100万ドル）

負債の部	
項目	金額
●流動負債合計	13225
・長期借入金	3277
・未払法人税	1890
・少数株主持分	0
・その他負債	3133
●長期負債合計	8300

〝未払法人税〟とは、当期内に納めるべき法人税のうち、まだ支払っていない分のことを言う。その企業に永続的競争優位性があるかどうかを見定めるとき、この数字はほとんど判断材料にはならない。

かたや貸借対照表の〝少数株主持分〟の数字は、〝未払法人税〟と比べものになららないほど興味深い。企業が他社の株式を取得すると、この株式は企業の資産となり、財務諸表の〝長期投資〟の項目に取得価格で記載される。しかし、他社の株式を80パーセント以上取得した場合は、他社の貸借対照表の数字すべてを、自社の貸借対照表に加えなければならない。損益計算書にかんしても事情は同じだ。

実例をあげよう。ウォーレンの投資持株会社〈バークシャー・ハサウェイ〉は、ネブラスカ州オマハに本拠を置く家具量販店〈ネブラスカ・ファニチャー・マート（NFM）〉の株を90パーセント取得した。80パーセントを超えたため、〈バークシャー・ハサウェイ〉は〈NFM〉の売上高の100パーセントを、自社の損益計算書に加えた。また、〈NFM〉の貸借対照表に記されている資産と負債の100パーセントも、自社の貸借対照表に加えた。

この例における〝少数株主持分〟とは、〈バークシャー・ハサウェイ〉が保有していない10パーセントの株の価値のことである。90パーセントしか所有していないのに、資産と負債の100パーセントを繰り入れているため、10パーセントの〝少数株主持分〟を負債として計上しないと、貸借対照表上でバランスが取れなくなってしまうわけだ。

〝その他負債〟とは、種々雑多な債務を詰め込める使い勝手の良い項目だ。ここに含まれるのは、裁判の賠償金、固定的な諸手当、租税債務の金利、未払いの罰金、デリバティブ取引の債務などなど。永続的競争優位性の有無を見定めるとき、これらの情報はなんの判断材料にもならない。

No.43

わたしたちが探し求める会社は、自己株式調整済み負債比率が0・80以下

■ 貸借対照表　（単位は100万ドル）

負債の部	
項目	金額
●流動負債合計	13225
・長期借入金	3277
・未払法人税	1890
・少数株主持分	0
・その他負債	3133
●長期負債合計	8300

〝負債合計〟とは、あらゆる負債を足した数字である。この数字からは負債比率が計算できる。そして負債比率にほんの少し手を加えてやれば、企業に永続的競争優位性があるかどうかを判定するさいの重要な指標となる。くわしく見ていこう。

これまで負債比率は、企業が事業活動の資金を負債で調達しているか、それとも株

主からの出資金（内部留保を含む）で調達しているか、という点を見きわめる指標として使用されてきた。永続的競争優位性を持つ企業は、その高い収益力で事業資金をまかなえるため、理論的には、純資産合計は高い水準を、負債合計は低い水準を示すはずだ。いっぽう永続的競争優位性を持たない企業は、事業資金を負債でまかなうことになるため、理論的には、純資産合計は低い水準を、負債合計は高い水準を示すはずだ。

負債合計÷純資産合計＝負債比率

負債比率を指標として使うときには、ひとつ問題がある。永続的競争優位性を持つ企業は、きわめて優秀な経済性を備えているため、事業活動を行なうさい、貸借対照表上の巨額の純資産（内部留保）を必要としないという点だ。ときには純資産（内部留保）をまったく必要としない場合もある。このような企業は収益力がきわめて高く、しばしば、積み上げられた純資産（内部留保）を自社株買いに注ぎ込む。結果として、純資産（内部留保）は減少し、負債比率は上昇し、数字上、永続的競争優位性を持たない凡庸なビジネスとの見分けがつかなくなる。

格好の例としては、ウォーレンのお気に入りの〈ムーディーズ〉があげられる。同社は秀でた経済性から好業績を引き出しているため、純資産を維持しておく必要がない。実際、〈ムーディーズ〉はすべての純資産を自社株買いに振り向けた。この結果、同社の負債比率は、永続的競争優位性を持つ〈コカ・コーラ〉ではなく、永続的競争優位性を持たない債務超過状態の〈GM〉に近くなっている。

とはいえ、〈ムーディーズ〉の純資産に、自社株買いでふくらんだ自己株式（金庫株）の価値をすべて加えれば、負債比率は0・63となり、〈コカ・コーラ〉の自己株式調整済み負債比率0・51に近づく。しかし〈GM〉は純資産に金庫株の価値を加えても、債務超過であることに変わりはない。いや、〈GM〉には自社株買いの資金がないため、金庫株自体が存在しないのだ。

このように、自己株式調整済み負債比率の数字を見れば、永続的競争優位性を持つ企業と、そうでない企業を判別するのはたやすい。

たとえば永続的競争優位性を持つ〈プロクター&ギャンブル〉の自己株式調整済み負債比率は0・71、〈リグリー〉は0・68。これは、純資産1ドルにたいして68セントの負債があるという意味だ。対照的に、〈グッドイヤー〉の自己株式調整済み負債比率は4・35、そして〈フォード〉はなんと38・0だ。これは純資産1ドルにたいする負債が38ドルに及ぶということで、実際の数字にすると、72億ドルの純資産にたいして２７３６億ドルもの負債が存在する計算になる。

銀行のような金融機関の場合、負債比率は製造メーカーよりもかなり高くなる傾向がある。というのも銀行は莫大な資金を調達し、すべての資金を融資にまわし、調達時と融資時の金利差で利益をあげる。だから、貸借対照表上には、とてつもない額の負債と、同額の資産が記載されるからだ。

平均で言うと、アメリカの巨大主要銀行は、純資産１ドルにたいして10ドルの負債を貸借対照表に計上している。「銀行業はレバレッジの度合いが高い」というウォーレンの発言は、まさにこの点をついたものである。

もちろん例外は存在する。ウォーレンの昔からのお気に入り、〈M＆Tバンク〉は例外のひとつと言ってよく、負債比率は７・７。この数字には、手がたい貸出業務を行なう経営陣の姿勢が反映されている。

ルールは簡単だ。金融機関を除き、自己株式調整済み負債比率が０・80以下（低ければ低いほど良い）の企業は、わたしたちが探し求める永続的競争優位性を持っている可能性がある。

探し物が見つかるのは喜ばしいことだ。とりわけ、超リッチへの道を探している場合には……。

No.44

純資産は企業の正味の価値である

貸借対照表　（単位は100万ドル）

純資産の部	
項目	金額
・優先株	0
・普通株	1296
・資本剰余金	7378
・内部留保	36235
・自己株式、普通株	-23375
●純資産合計	21534
負債・純資産合計	43059

資産合計から負債合計を引くと、会社の〝純資産〟がはじき出される。純資産は自己資本、株主資本、あるいは事業の帳簿価額とも呼ばれる。

純資産とは、企業の所有者（株主）が創設時に投入し、事業運営のために取り置かれる資金のことだ。ここには優先株、普通株、資本剰余金、内部留保などが含まれる。

負債合計と純資産合計を足した額は、資産合計とひとしい。すでに述べたとおり、このように両者のバランスが取れているからこそ、貸借対照表はバランスシートと呼ばれている。

わたしたちにとって純資産（株主資本）の数字が重要なのは、〝1株あたり利益〟を〝1株あたり株主資本〟で割って得られる株主資本利益率の計算に必要となるからだ。対象企業が長期的競争優位性を持っているかどうかを見きわめるとき、株主資本利益率は判断材料のひとつとなってくれる。

さあ、くわしく見ていこう。

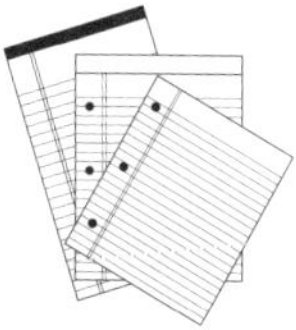

No.45

すぐれた企業は、優先株を発行しない傾向がある

貸借対照表　(単位は100万ドル)

純資産の部	
項目	金額
・優先株	0
・普通株	1296
・資本剰余金	7378
・内部留保	36235
・自己株式、普通株	-23375
●純資産合計	21534
負債・純資産合計	43059

企業は社債や株式を一般に売り出すことで、新たな資本を調達できる。もちろん、社債の売り出しで得られた資金は、未来のいずれかの時点で払い戻さなければならない。この金は借金だ。しかし、優先株や普通株の売り出しで得られた資金は、払い戻す必要がない。この金は永遠に企業にのこり、好きなようにつかうことができる。

普通株は企業の所有権を証券化したものだ。普通株の持ち主は、会社の持ち主でもあり、取締役――彼らがＣＥＯを雇って会社を経営させる――を選任する権利の持ち主でもある。普通株の持ち主は、取締役会が決定すれば配当を受け取ることができる。そして、会社全体が売却された場合、戦利品を受けとるのも普通株の持ち主だ。

また株式には、「2等株式」と呼ぶべき優先株というものが存在する。優先株の持ち主は、株主としての議決権はないが、普通株の配当より先に、固定配当もしくは変動配当を受け取る権利を持っている。また、企業が破産したさいには、普通株の持ち主より先に、債権を回収する権利を持っている。

貸借対照表の観点からすると、優先株と普通株は額面価格で計上され、株式発行のさいに受け取った額が額面より高ければ、この差額分は〝資本剰余金〟として計上される。たとえば、優先株の額面が１００ドルで、実際に売れた価格が１２０ドルなら、１００ドル分は〝優先株〟の項目に、20ドル分は〝資本剰余金〟の項目に記載される。普通株の場合もこれは同じだ。額面１ドルの普通株が10ドルで売れたなら、貸借対照表上では、１ドル分は〝普通株〟の項目に、９ドル分は〝資本剰余金〟の項目に記載される。

優先株について興味深いのは、永続的競争優位性を持つ企業には、貸借対照表に優先株をまったく計上しない傾向があるという点だ。優良企業は収益力が高く、資金を内部調達できる。優先株はテクニカルな面から見ると、受け取った金を返さなくていいという点で株式に分類されるが、機能的な面から見ると、配当を払わなくてはならないという点で債務と似ている。

しかし、債務にたいする利払いは、税引前利益から控除できるのに対し、優先株にたいする配当は控除が認められない。つまり、優先株の発行は非常に高くつく場合が多いのである。企業は可能なかぎりコスト高の優先株の発行を控えるため、資本構成の中に優先株を含んでいるかどうかが、永続的競争優位性の有無の判断材料になるわけだ。

No.46

内部留保の着実かつ長期的な増加は、永続的競争優位性を持つ企業の特徴のひとつである

貸借対照表 （単位は100万ドル）

純資産の部	
項目	金額
・優先株	0
・普通株	1296
・資本剰余金	7378
・内部留保	36235
・自己株式、普通株	-23375
●純資産合計	21534

結局のところ、企業の純利益の使い道はつぎの三つである。配当として株主に支払うか、自社株買いの資金にあてるか、ビジネスの成長を維持するために内部留保するか。そして企業内に留保された場合、この利益は貸借対照表上では、純資産の部の〝内部留保〟に計上される。

いったん内部留保された資金が、有益なつかい方をされれば、ビジネスの長期的経済性は大きく向上する可能性がある。ウォーレンは持株会社〈バークシャー・ハサウェイ〉の純利益を100パーセント内部留保にまわしてきた。そして、この経営方針は、〈バークシャー〉の1株あたり純資産を、一九六五年の19ドルから、二〇〇七年の7万8000ドルへと押し上げたのである。

各年度の純利益のうち、内部留保にまわされる額がいくらなのかを知りたければ、当該年度の税引後純利益から、配当と自社株買いの支出を引けばいい。二〇〇七年度の〈コカ・コーラ〉は、税引後純利益が59億ドル、配当と自社株買いが31億ドルだった。つまり、この年は内部留保に28億ドルが積み増されたわけだ。

貸借対照表に記されている内部留保は累積額であり、毎年の内部留保が、前年までの内部留保に加えられていく。しかし、企業の経営が赤字なら、積み立てられてきた内部留保は取り崩されていく。赤字が積立額を上まわれば、貸借対照表の〝内部留保〟の数字はマイナスになる。

永続的競争優位性の有無を見きわめるさい、貸借対照表のさまざまな項目が判断材料となるが、内部留保の指標としての重要性は一、二を争う。なぜなら、内部留保を積み増せない企業は、純資産を成長させることもできないからだ。純資産の成長がない企業は、長期的にわたしたちを超リッチにしてくれる可能性が低いと見ていい。

端的に言うと、企業の内部留保の増加率は、永続的競争優位性の有無を見きわめる格好の指標となる。ウォーレンのお気に入りの企業、つまり、永続的競争優位性を持つ企業の例を見てみよう。

〈コカ・コーラ〉の内部留保は、過去5年間、平均で年7・9パーセント成長してきた。〈リグリー〉は10・9パーセント、〈バーリントン・ノーザン・サンタフェ鉄道〉は15・6パーセント、バドワイザーで有名な〈アンハイザー・ブッシュ〉は6・4パーセント、〈ウェルズ・ファーゴ〉は14・2パーセントの内部留保を積み上げてきた。ウォーレンの持株会社〈バークシャー・ハサウェイ〉の場合はなんと23パーセントだ。

もちろん、内部留保の増加の原因は、扱っている製品の売上が増加したということだけに求められるものではない。他社を買収することによっても、内部留保は増加する場合がある。ふたつの企業が併合されると、両社の累積内部留保も合算されるからだ。たとえば、〈プロクター&ギャンブル〉が二〇〇五年に〈ジレット〉を買収したとき、内部留保は130億ドルから310億ドルに跳ね上がった。

興味深いのは、〈GM〉と〈マイクロソフト〉の内部留保がマイナスであるという事実だ。〈GM〉の内部留保がマイナスなのは、自動車業界の経済性が低く、巨額の赤字を垂れ流しているからである。しかし、〈マイクロソフト〉の場合は自社の経済のエンジンがあまりにも力強いため、長年にわたって蓄積してきた巨額の内部留保を維持する必要がないとの判断で、累積内部留保を上まわる額を自社株買いと株主配当にまわした結果だった。

〈バークシャー・ハサウェイ〉が大成功した要因のひとつは、ウォーレンが経営権を掌握した当日に、配当の支払いをとりやめたことにある。この決断によって、〈バークシャー・ハサウェイ〉の毎年の純利益は、100パーセント内部留保に積み増され、絶好の機会がめぐってくるたび、ウォーレンはこの内部留保を投資にあてたのである。

投資はさらなる利益を生み、利益は内部留保として蓄積され、ふたたび、もっと収益力の高い事業に投資された。時間が経過するにつれ、右肩上がりで増えつづける〈バークシャー・ハサウェイ〉の内部留保は、金を稼ぎ出す能力をどんどん高めていった。

一九六五年から二〇〇七年のあいだに、〈バークシャー〉の内部留保は拡大を続け、1株あたり税引前利益を4ドルからなんと1万3023ドルへ押し上げた。これは年率に換算すると、およそ21パーセントの成長にあたる。

ルールは単純明快だ。内部留保にまわされる純利益が多いほど、内部留保の累積額が急速にふくらみ、最終的には、未来の収益成長力を向上させる。もちろん、永続的競争優位性を持つ企業を買収しつづけることが大前提であり、ウォーレンはまさにこの方法で〈バークシャー〉を成功させてきたのである。

〈バークシャー〉というニワトリは金の卵を産むだけでなく、金の卵それぞれから金のニワトリが生まれ、その金のニワトリそれぞれがまた金の卵を産む。このプロセスを一定期間継続すれば、自分の純資産が１００万ドル単位ではなく10億ドル単位になることを、ウォーレンは知っているのである。

No.47

自己株式（金庫株）の存在は、企業が豊富なキャッシュを持っている証《あかし》である

貸借対照表　（単位は100万ドル）

純資産の部	
項目	金額
・優先株	0
・普通株	1296
・資本剰余金	7378
・内部留保	36235
・自己株式、普通株	-23375
●純資産合計	21534

企業が自社株買いを実行したとき、買い取った株にはふたつの処理方法がある。失効させるか、将来の再発行をにらんで保有しつづけるかだ。失効の場合、その株式の存在は抹消される。

しかし、継続して保有される株式は、貸借対照表上では、純資産の〝自己株式〟の

項目に計上される。自己株式に計上された株は、議決権を持たず、配当も受け取れず、貸借対照表ではマイナスの資産として扱われる。なぜなら、純資産を減らす効果を持つとみなされているからだ。

永続的競争優位性を持つ企業は、収益性がきわめて高いため、自社株買いにつかえる自由なキャッシュが豊富にあることが多い。だから、貸借対照表に自己株式があるという事実は、永続的競争優位性の有無の判断材料になる。

この自己株式にかんしては、知っておくべき財務的特徴がいくつか存在する。ひとつは、企業が自社株買いを行なって、自己株式として保有しつづけると、実質的に株式発行総数が減るため、株主資本利益率（ＲＯＥ）の数字が向上するという点だ。永続的競争優位性の有無を見きわめるさい、この株主資本利益率は指標のひとつとなる。したがって、高い株主資本利益率の原因が、金融工学的操作のたまものなのか、それとも秀でた経済性の結果なのか、はたまた両者の組み合わせなのかを知っておくことは大切である。

この点を確認するには、自己株式の数字をマイナスからプラスに変換し、純資産から引くのではなく純資産に足してみるといい。この新たな純資産で純利益を割ってやれば、金融工学の効果を除外できるため、真の意味での株主資本利益率が導き出されるのだ。

余談だが、アメリカ国内では、個人持株会社課税を適用するかどうかを決定するさい、所有株が全体の50パーセントを超えるかどうかが基準となる。このとき、発行済み株式総数から自己株式を除外したものが社外株式となる。

税金を逃れようとする不謹慎な輩《やから》は、よく、国税当局に株式持ち分を49パーセントと報告する。しかし、法律が命じるとおりに自己株式を除外すれば、多くの場合、実際の支配権は50パーセントを超え、個人持株会社課税の支払義務が生じる可能性が出てくるのである。

ルールはやはり単純明快だ。貸借対照表上に自己株式が存在すること、そして、自社株買いの実績が存在することは、その企業が永続的競争優位性を持っているかどうかを見定めるさい、重要な判断材料となる。

No.48

株主資本利益率（自己資本利益率）で経営者の手腕を測る

■ 貸借対照表　（単位は100万ドル）

純資産の部	
項目	金額
・優先株	0
・普通株	1296
・資本剰余金	7378
・内部留保	36235
・自己株式、普通株	-23375
●純資産合計	21534

企業の純資産は、資産合計から負債合計を引いたものにひとしい。また、優先株と普通株と資本剰余金と内部留保を足し、そこから自己株式を引いたものにもひとしい。

純資産には三つの源がある。ひとつめは、企業設立時に、優先株と普通株の売り出しで一般から調達してきた資本。ふたつめは、企業設立後に、優先株と普通株の売り出しで一般から調達してきた資本。わたしたちにとって最も重要な三つめは、内部留保の蓄積だ。

すべての資本は企業に所属し、企業は普通株の持ち主に所属するため、すべての資本は普通株主に所属すると言える。だからこそ、企業の資本は〝株主資本〟とも呼ばれるのだ。

わたしたちがある企業の株主になった場合、さらなる収益をあげるために、経営陣がどのように資金を活用しているか、という点に大きな興味を抱くはずだ。経営陣の手腕がかんばしくなければ、わたしたちは満足を得られず、別の企業の株に乗り換えようとするだろう。

逆に、経営陣が素晴らしい手腕を発揮すれば、わたしたちは株を買い増すだろう。そして、資金の有効活用によって収益を向上させる経営陣の能力は、多くの人々に感銘をあたえ、感銘を受けた人々は株の購入に走るだろう。

金融アナリストたちは、経営者が株主の金をどれだけ有効に活用しているかを測るため、株主資本利益率（自己資本利益率）の公式を編み出した。永続的競争優位性を持つ企業を探すさい、ウォーレンもこの公式で偉大な株を発見してきたのである。くわしくは以下で説明しよう。

No.49 株主資本利益率が高ければ、やがて株価の上昇となって表われる

純利益÷純資産＝株主資本利益率

ウォーレンは、永続的もしくは長期的競争優位性を持っている企業は、株主資本利益率が平均よりも高くなるということを発見した。ウォーレンのお気に入りの〈コカ・コーラ〉は30パーセント、〈リグリー〉は24パーセント、〈ハーシーズ〉は33パーセント、〈ペプシ〉は34パーセントと、いずれも高い株主資本利益率を示している。

ところが競争があまりにも激しく、どの企業も持続可能な競争優位性を持ちえない業界、たとえば航空業界へ目を転じてみると、株主資本利益率の数字は劇的に落ち込んでしまう。たとえば〈ユナイテッド航空〉は黒字の年でも15パーセントだし、〈アメリカン航空〉は4パーセント、〈デルタ航空〉と〈ノースウエスト航空〉は利益をあげていないので計算自体ができないほどだ。

株主資本利益率の高さは、その企業が内部留保を有効に活用していることを示して

いる。時間が経過するにつれ、高い株主資本利益率は、ビジネスの根源的価値を増大させていく。そして、それはいつの日か株式市場によって認識され、企業の株価の上昇となって現われるのだ。

しかし、ひとつ注意すべき点がある。一部の企業はあまりにも高い収益力のため、内部留保を行なう必要性がなく、利益のすべてを株主に還元してしまうということだ。この場合、しばしば貸借対照表上の純資産はマイナスになる。

危険なのは、債務超過状態の企業も、同様に純資産がマイナスになっていることだ。もしも、強い純利益の数字を長期間示している企業が、マイナスの純資産を計上している場合は、永続的競争優位性を持っている可能性がある。だが、純利益が長期間マイナスを続け、純資産の数字もマイナスの場合は、競争に打ちのめされた凡庸な企業の可能性がある。

本章のルールは、株主資本利益率が高ければ〝行ってよし〟、株主資本利益率が低ければ〝近づくな〟だ。

No.50

巨大なレバレッジを使って利益をつくり出している企業は、いつか化けの皮がはがれる

レバレッジとは、負債を用いて企業の利益を増大させる手法である。企業が金利7パーセントで1億ドルを借金し、年率12パーセントで運用すれば、資本コストを上まわる5パーセント分が利益となる。結果として、企業の純利益は500万ドル分増加し、株主資本利益率を押し上げることとなる。

レバレッジが問題なのは、莫大な借金をつかって利益をあげているだけの企業が、何らかの競争優位性を持っているように見えてしまう点だ。ウォール街の悪名高き投資銀行は、途方もない規模のレバレッジを使って、利益をつくり出すすべに長《た》けている。彼らは1000億ドルを金利6パーセントで調達し、7パーセントで貸し出し、1000億ドルの1パーセント、すなわち10億ドルの利益をあげる。毎年毎年、この10億ドルが財務諸表に記載されつづければ、実際には永続的競争優位性がなくても、さもあるように見えてしまうのだ。

投資銀行が一貫して収益の流れを確保しているように見えても、実際に銀行に金利

を払っている人々が、必ずしも金利を払いつづけられるとはかぎらない。現在のサブプライム危機では、まさにこの事態が発生しており、銀行には数千億ドルの負債がのしかかってきている。

投資銀行はたとえば金利6パーセントで調達した資金を、金利8パーセントのサブプライムローンで貸し出し、巨額の利益を稼ぎ出していた。しかし、アメリカ経済が傾きはじめると、サブプライムローンで住宅を買った人々の債務不履行が相次いだ。この場合、債務不履行とは、ローン金利の支払い停止を意味する。サブプライムローンの借り手は、永続的な収入源を持っていなかった。これはすなわち、投資銀行も永続的な収入源を持っていなかったことを意味する。

「競争優位性の質と永続性を評価するとき、巨大なレバレッジを使って利益を創出する企業は避けるべきである」

という教訓をウォーレンは学んできた。短期的には金の卵を産むニワトリに見えても、長期的には必ず化けの皮がはがれてくるのである。

Chapter 4

バフェット流キャッシュフロー計算書の読み方

「成長に大量の資本を必要とする企業と、成長に資本を必要としない企業とでは、天と地ほどの差がある」

――ウォーレン・バフェット

No.51

企業が創出するキャッシュフローの総量を追跡する

キャッシュフロー計算書の例
（金額単位：100万ドル）

A

項目	金額
純利益	5981
減価償却費	1163
なし崩し償却費	125
営業活動によるキャッシュフロー	7269

B

資本的支出	-1648
その他投資キャッシュフロー	-5071
投資活動によるキャッシュフロー	-6719

C

支払済み現金配当	-3139
株式の発行（償還）、純額	-219
社債の発行（償還）、純額	4341
財務活動によるキャッシュフロー	983

D

営業活動によるキャッシュフロー	7269
投資活動によるキャッシュフロー	-6719
財務活動によるキャッシュフロー	973
キャッシュの増減	1523

企業の大多数は、現金主義会計ではなく、「発生主義会計」を導入している。発生主義会計とは、買い手からの代金支払いが数年先でも、商品を引き渡した時点で売上を計上することができるという会計方式のことだ。対照的に現金主義会計では、実際に代金を受けとるまで、売上を計上することはできない。

ほとんどすべての企業は、得意先に何らかの掛け売りをしているため、発生主義会計のほうに利点を見いだしているわけだ。発生主義会計の場合、信用取引で売った商品の代金は収入とみなされ、損益計算書の売掛金の項目に記載することができるからだ。

発生主義会計では、掛け売りの代金が売上と認められるので、それぞれの企業は現金の実際の流れを、「入り」の部分と「出」の部分で別々に記録しておく必要がある。この目的のために、企業の会計担当者は〝キャッシュフロー計算書〟を作成する。

株式や社債の売り出しによって、大量の現金が流入してきていても、利益を出せない企業は存在する。逆に、大量の製品を信用で売り、巨額の売掛金がまだ流入してきていなくても、利益をあげられる企業は存在する。キャッシュフロー計算書からわかるのは、その企業の現金収入が現金支出を上まわっているのか、それとも、現金支出のほうが現金収入を上まわっているのかという点だ。前者を「正のキャッシュフロー」、後者を「負のキャッシュフロー」という。

キャッシュフロー計算書は損益計算書と同様、特定期間内の企業の状況を報告するものだ。通常、企業の会計部門は四半期ごとと年度末に、キャッシュフロー計算書を作成する。

キャッシュフロー計算書は三つのセクションで構成されている。

ひとつめは、営業活動によるキャッシュフロー（表A参照）。このセクションでは、純利益に減価償却費となし崩し償却費を加える。会計上、償却費は当該年度内の費用とみなされるが、実際には何年も前に支払いがすんでいるため、企業が持っている現金が目減りすることはない。これら三項目の和は、〝営業活動によるキャッシュフロー〟として記載される。

ふたつめは、投資活動によるキャッシュフロー（表B参照）だ。このセクションには、当該期間内に行なわれたすべての資本的支出が含まれる。〝資本的支出〟は現金の減少をもたらすため、常に数字はマイナスで記載される。

〝その他投資キャッシュフロー〟は、収益性のある資産を売買したさいの、あらゆる現金支出と現金収入を計上する項目だ。現金収入より現金支出のほうが多ければ、この項目はマイナスになる。現金支出より現金収入のほうが多ければ、この項目はプラスになる。

〝資本的支出〟と〝その他投資キャッシュフロー〟を合計すると、〝投資活動によるキャッシュフロー〞の数字がはじき出される。

三つめは、財務活動によるキャッシュフロー（表C参照）。このセクションでは、財務活動に起因する現金収入と現金支出を扱う。配当支払のための現金支出もここに含まれるし、株式の売り出しと買い取りもここに含まれる。たとえば企業が工場新設の資金を株式発行で調達すれば、現金は流入してくる。企業が自社株買いを行なえば、現金は流出していく。社債にかんしても事情は同じだ。社債を発行すれば現金は流入するし、社債を償還すれば現金は流出する。このセクションの三項目を合算すると、〝財務活動によるキャッシュフロー〞が導き出される。

こうした三つのセクション――〝営業活動によるキャッシュフロー〞と〝投資活動によるキャッシュフロー〞と〝財務活動によるキャッシュフロー〞を通算すると、企業の〝キャッシュの増減〞を知ることができる（表D参照）。

その企業が永続的競争優位性を持っているかどうかを見定めるさい、ウォーレンはキャッシュフロー計算書上の情報を判断材料にしてきた。だから、わたしたちも腕まくりをしてキャッシュフロー計算書と取り組もう。次の10億ドルを稼がせてくれる企業を探すとき、ウォーレンが何に注目しているのかをこれから解き明かしていこう。

No.52

永続的競争優位性を持つ企業は、資本的支出が低くなる傾向にある

キャッシュフロー計算書
（金額単位：100万ドル）

B

項目	金額
資本的支出	-1648
その他投資キャッシュフロー	-5071
投資活動によるキャッシュフロー	-6719

〝資本的支出〟とは、1年超にわたって保有される資産——すなわち土地や生産設備などを取得するさい、支出される現金もしくは現金同等物を指す。この項目には、特許のような無形資産の取得費用も含まれる。基本的にこれらの資産は、一年超の期間に減価償却もしくは、なし崩し償却される。〝資本的支出〟はキャッシュフロー計算

書の〝投資活動によるキャッシュフロー〟に計上される。

もしも企業が新しいトラックを購入した場合、それは資本的支出に当たる。そして、トラックの価値は、車の寿命——たとえば6年——のあいだに減価償却される。対照的に、トラックの運用にかかるガソリン代は経常経費とみなされ、当該年度内に売上から全額が差し引かれる。

資本的支出のありようは、会社によってさまざまである。多くの企業は、事業継続のためだけに、巨額の資本的支出を余儀なくされる。巨額の資本的支出が何年も続けば、当然ながら、収益に大きな影響が出はじめてもおかしくない。「だから自分は電話会社に投資をしないのだ」とウォーレンはいみじくも語っている。通信網を整備するために、電話会社は莫大な資本的支出を強いられており、この支出は会社の長期的経済性を著しくそこねているからだ。

原則的に、永続的競争優位性を持つ企業は、そうでない企業に比べると、事業継続のための資本的支出が少なくてすむ。実例を見てみよう。

ウォーレンの長年のお気に入りである〈コカ・コーラ〉は、過去10年間、1株あたり利益20・21ドルのうち、4・01ドルしか資本的支出に振り向けていない。率にして

20パーセントである。ウォーレンが永続的競争優位性の存在を認識している〈ムーディーズ〉も、過去10年間の1株あたり利益14・24ドルのうち、0・84ドルしか資本的支出に振り向けていない。率にしてわずか6パーセントである。

対照的に〈GM〉は、過去10年間の1株あたり利益が31・64ドルなのにたいし、資本的支出はなんと140・42ドルにのぼった。〈グッドイヤー〉も、過去10年間の1株あたり利益が3・67ドルなのにたいし、資本的支出は34・88ドルに達した。〈GM〉の資本的支出は純利益の444パーセント、〈グッドイヤー〉に至っては、じつに950パーセント。これだけの超過資金を両社はどこから調達してきたのだろうか?

答えは、借金と、大量の社債発行だ。このような行動によって、両社の貸借対照表には膨大な借入金が計上され、結果として、支払利息の額がとてつもなくふくらんでいる。これは決して好ましいことではない。

いっぽう〈コカ・コーラ〉と〈ムーディーズ〉は、秀でた収益力を備えているため、自社株買いを行なって発行済み株式総数を減らしながら、同時に、長期借入金を圧縮したり、低水準に保ったりすることができる。

自社株買いと長期借入金の圧縮は、ウォーレンにとって大きな〝買い材料〟である。

実際、〈コカ・コーラ〉と〈ムーディーズ〉を、永続的競争優位性を持っている企業と判別するとき、このふたつの材料は大いに役立ってくれた。

資本的支出と純利益の関係性を知りたいなら、10年分の資本的支出の総額を計算し、それを10年分の純利益の総額と比べてみればいい。10年間という数字に注目するのは、その企業がどのような状況に置かれているかを、真の長期的視点から眺められるからである。

長期的に見たとき、永続的競争優位性を持つ企業は、そうでない企業と比べると、資本的支出に振り向ける純利益の割合がきわめて低い。たとえば、〈リグリー〉は毎年、純利益のおよそ49パーセントを資本的支出にあてている。〈アルトリア・グループ〉はおよそ20パーセント、〈プロクター&ギャンブル〉は28パーセント、〈ペプシ〉は36パーセント、〈アメリカン・エキスプレス〉は23パーセント。しかし〈コカ・コーラ〉は20パーセントであり、〈ムーディーズ〉は6パーセントなのだ。

ウォーレンが看破したのは、年間の資本的支出が純利益の50パーセント以下、という状況を長年にわたって維持してきた企業は、永続的競争優位性の持ち主である可能性が高いということだった。年間の資本的支出が一貫して純利益の25パーセント以下なら、永続的競争優位性から恩恵を受けている可能性はさらに高まる。

繰り返すが、投資の成否はひとえに、その企業が永続的競争優位性を持っているかどうかにかかっているのである。

No.53

配当アップよりも自社株買いを続けている企業こそが株主を富ませる

キャッシュフロー計算書
（金額単位：100万ドル）

C

項目	金額
支払済み現金配当	-3139
株式の発行（償還）、純額	-219
社債の発行（償還）、純額	4341
財務活動によるキャッシュフロー	983

右に例として掲げたキャッシュフロー計算書によると、この企業は31億3900万ドルの配当を支払い、2億1900万ドルの自社株買いを実施し、43億4100万ドルの社債を発行している。この結果、財務活動によるキャッシュフローは、9億8300万ドル純増したことになる。

永続的競争優位性から恩恵を受けている企業は、大量の現金がとうとうと流れ込んでくるため、何につかえばいいかという贅沢な悩みがつきまとう。既存事業に再投資するつもりもなく、新規事業を開拓するつもりもなく、かといって放置しておきたくもない場合、使い道としては株主配当と自社株買いのふたつが考えられる。

しかし、配当を受けとった株主は税金を払わなければならないので、ウォーレンは株主配当の手法を好まない。株主の財産を増やしたいなら、もっと気のきいた手口があるからだ。それは自社株買いである。企業が剰余金の一部を自社株買いにまわせば、発行済み株式総数が減り、１株あたり利益が増え、やがては株価の上昇を引き起こす。

たとえば、会社の利益が１０００万ドルで、株式総数が１００万株なら、１株あたり利益は10ドルとなる。もしも、株式総数が２００万株に増えれば、１株あたり利益は５ドルに減る。逆に、株式総数が50万株に減れば、１株あたり利益は20ドルに増える。

要するに、発行済み株式総数の増加は１株あたり利益の減少を、発行済み株式総数の減少は１株あたり利益の増加を意味するわけだ。だから、企業が自社株買いを行なえば、現実に純利益が増えていなくても、１株あたり利益の数字を上昇させることができる。

この手口の最大のうまみは、株主の財産が増えても、株を売却するまではいっさい税金がかからない点だ。打ち出の小槌《こづち》をあたえられたようなもの、と言い換えてもいい。

このちょっとした金融工学の手法をウォーレンはいたく気に入っており、投資先の優良企業の取締役会にたいして、配当の増額よりも自社株買いをするよう強く迫っている。彼は自動車保険会社〈GEICO〉でこの手法を使い、〈ワシントン・ポスト〉でもこの手法を実行中である。

自社株買いをしているかどうかを確かめたいなら、キャッシュフロー計算書の〝財務活動によるキャッシュフロー〟を見ればいい。〝株式の発行(償還)、純額〟の項目には、株式発行分から株式償還分を差し引いた額が記載されている。その企業が何年ものあいだ自社株買いを続けている場合、自社株買いを可能にする余剰資金の源が、永続的競争優位性にある確率はかなり高いと言えるだろう。

言葉を換えれば、永続的競争優位性の存在を示す指標のひとつは、自社株の買い戻しと抹消を続けてきたという〝企業の歴史〟なのである。

Chapter 5

永続的競争優位性を持つ企業の評価法

「わたしは10年から15年先の姿が予測可能だと思えるビジネスを探し求めている。たとえば〈リグリー〉のチューイングガム。インターネットがいかに進歩しようと、人びとのガムの嚙み方が変わるとは考えにくい」

——ウォーレン・バフェット

No.54 エクイティ・ボンドというウォーレンの革命的発想と、実際の活用法

一九八〇年代末、ウォーレンはコロンビア大学の講演で次のような発言をした。
「企業が永続的競争優位性を持っている場合、利益が大きく成長するだけでなく、利益の成長が予測可能となるので、その企業の株は、右肩上がりでふくらむ利子付きの〝エクイティ・ボンド〟も同然である」

ウォーレンの言う〝エクイティ・ボンド〟とは、元本保証型の株価指数連動債券のようなものだ。優良企業の株にたいする投資は、倒産のリスクがないため、元本が保証されているにひとしい。そして、優良企業の株を保有しつづければ、株価に連動して投資価格が上昇するのはもちろん、1年ごとに、〝利札もしくは利子〟に相当するリターンを受け取れるのだ。この場合、ウォーレンが〝右肩上がりでふくらむ利子〟と表現したのは、株主に支給される配当のことではなく、毎年毎年、優良ビジネスが稼ぎ出してきてくれる巨額の税引前利益のことである。

会社を丸ごと買収するときのウォーレンは、まず税引前利益の数字を確認したあと、

企業の根源的経済性の力強さと、提示されている価格とを天秤にかけ、良い取引かどうかを自問する。株式市場を通じて企業の一部を買うときも、彼はこれと同じプロセスをたどる。

ウォーレンが企業の株を〝エクイティ・ボンド〟に見立てるのは、永続的競争優位性によって強力な根源的経済性がつくり出されると、企業の収益が果てしなく成長しつづけるからだ。収益の上昇は、企業の根源的価値を上昇させ、このことを株式市場が認識したとき、株価の上昇がもたらされる。

しつこくなるのを承知で言うが、ウォーレンにとって永続的競争優位性を持つ企業の株は、〝エクイティ・ボンド〟と同じであり、永続的競争優位性を持つ企業の税引前利益は、債券の利札や利息と同じである。しかし、債券の利札や利息が固定されているのにたいして、永続的競争優位性を持つ企業の税引前利益は、年を追うごとに増加していく。当然ながら、〝エクイティ・ボンド〟自体の価値も、年を追うごとに増加していく。

実際、ウォーレンが買った優良企業――永続的競争優位性を持つ企業――においては、長期間にわたって1株あたり利益が上昇しつづけている。上昇の要因は、売上高の増加や、事業の拡大や、他企業の買収や、内部留保をつかった自社株買いなどだ。

このような利益の上昇は、必然的に、ウォーレンが投資した〝エクイティ・ボンド〟からのリターンを向上させる。

ウォーレンの投資理論が機能するようすを、実例を用いて見ていこう。

一九八〇年代末、ウォーレンは〈コカ・コーラ〉の株を買いはじめた。平均取得価格は1株あたり6ドル50セント、1株あたり税引前利益は70セント、1株あたり税引後利益は46セントだ。歴史的に見ると、〈コカ・コーラ〉の収益は、年率およそ15パーセントで成長を続けてきた。これらの数字を踏まえたとき、ウォーレンは次のように主張を展開できた。〈コカ・コーラ〉の〝エクイティ・ボンド〟を買うことは、開始時の税引前利益率が10・7パーセント（70セント÷6ドル50セント）の投資に6ドル50セントを注ぎ込むことと同じである。そして、開始後の利益は長期間にわたり年率15パーセントで増加しつづける可能性が高い、と。

以上の点を理解しているウォーレンは、グレアム系のバリュー投資家たちとちがって、60ドルの価値を持つ〈コカ・コーラ〉が40ドルで売られているから〝過小評価〟だ、というような議論にはくみしない。ウォーレンが考えるのは、〈コカ・コーラ〉株を1株6ドル50セントで購入すれば、ほぼリスクのない取引で、10・7パーセントの税引前利益を得られるだけでなく、これからの20年間、年率およそ15パーセントの利益成長を見込めるということだ。ウォーレンはこの投資のリスクとリターンを秤《はかり》にかけ、魅力的な取引かどうかを判断するのである。

グレアム系のバリュー投資家たちにとって、年率15パーセントで増加する10・7パーセントの税引前利益は、興味深い投資条件ではない。なぜなら、彼らは市場における株価だけに注目し、企業の経営状況にはまったく興味を持っておらず、2年以上投資を継続するつもりもないからだ。しかし、〝エクイティ・ボンド〟を20年以上保有しつづけるつもりのウォーレンにとっては、〈コカ・コーラ〉の数字は夢のような投資なのである。

どうして夢のような投資なのか？　なぜなら、ウォーレンの初期投資にたいするリターンは、1年ごとに増加していき、長い時間が経過したあとには、ねずみ算式にふくらみはじめるからだ。

たとえばウォーレンは〈ワシントン・ポスト〉の株を、34年前に1株あたり6ドル36セントで買った。二〇〇七年、同社の1株あたり税引前利益は54ドル、税引後利益は34ドルにまでふくらんだ。つまり、ウォーレンが所有する〈ワシントン・ポスト〉

という〝エクイティ・ボンド〟は、現在、初期投資額のじつに849パーセントの税引前利益――535パーセントの税引後利益――を稼ぎ出しているわけだ。これなら、ウォーレンが大富豪になるのはもっともな話ではないか！

では、〈コカ・コーラ〉という〝エクイティ・ボンド〟はどうなっているのだろう？〈コカ・コーラ〉の税引前利益は、年率およそ9・35パーセントで成長しつづけ、二〇〇七年には、1株あたり税引前利益が3ドル96セント、1株あたり税引後利益が2ドル57セントまでふくらんだ。

ウォーレンの観点からすると、〈コカ・コーラ〉という〝エクイティ・ボンド〟への投資は、初期投資額の1株あたり6ドル50セントにたいして、3ドル96セントの1株あたり税引前利益を生み出してくれているのだ。これは年間利益率に換算すると、税引前で60パーセント、税引後で40パーセントにあたる。

この利益率を見た株式市場は、いずれウォーレンの〝エクイティ・ボンド〟の価値を再評価し、価値の増加に見合った水準まで株価を押し上げるだろう。

二〇〇七年の企業向け長期金利はおよそ6・5パーセント。ウォーレンの〈ワシントン・ポスト〉の〝エクイティ・ボンド〟は、1株あたり税引前利益が54ドルだから、二〇〇七年度のこの〝エクイティ・ボンド〟の価値は、1株あたり約830ドルとなる（54ドル÷0・065＝830ドル）。実際、二〇〇七年の〈ワシントン・ポスト〉株は、1株726ドルから885ドルのあいだで取引されていた。この数字は、〝エクイティ・ボンド〟の収益還元価値、830ドルとほぼ一致する。

このような株式市場の再評価は、〈コカ・コーラ〉の〝エクイティ・ボンド〟でも見られる。二〇〇七年、〈コカ・コーラ〉の1株あたり税引前利益は3ドル96セント、1株あたり税引後利益は2ドル57セントだった。企業向け長期金利の6・5パーセントと、1株あたり税引前利益の3ドル96セントから、〈コカ・コーラ〉の〝エクイティ・ボンド〟の収益還元価値を計算すると、1株あたり約61ドルという数字がはじき出される（3ドル96セント÷0・065＝60・92ドル）。この場合でも実際、二〇〇七年の1年間、証券市場における〈コカ・コーラ〉株は、45ドルから64ドルのあいだで取引されていた。

株式市場が企業の根源価値の増加に気づくきっかけとしては、レバレッジド・バイアウト（LBO）があげられる。一貫して高い利益をあげつづける企業は、LBOをしてくださいと公に呼びかけているようなものだ。借入金がほとんどなく、力強い収益を出しつづけてきた実績があり、株価が一定水準以下に低迷している企業は、みずからの収益を買収資金の担保にされ、他社からのＬＢＯの餌食《えじき》になってしまう危険性がある。

このような状況下で、長期金利が下落すると、調達できる借入金の額が増えるため、企業の収益の価値はさらに高まり、企業の株価をさらに押し上げる。逆に長期金利が上昇すると、調達できる借入金の額が減るため、企業の収益の価値は下がり、企業の株価も押し下げられる。

ウォーレンは経験からつぎのような投資のルールを学びとってきた。永続的競争優位性を持つ企業を買っておけば、やがては株式市場が〝エクイティ・ボンド〟の価値を再評価し、長期債券の利率から計算した収益還元価値と同水準まで株価を上昇させることになる、と。

そう、株式市場は悲観論だらけのこともあるし、荒々しい楽観主義で満ちあふれることもあるが、長期投資の価値を決定づけるのは、長期金利との相対的関係性なのである。

No.55

永続的競争優位性から生み出される右肩上がりの収益

くわしく説明する価値があるので、要点をいま一度見ておこう。まずは、永続的競争優位性の存在をウォーレンが認めている企業を例にとり、〝エクイティ・ボンド〟の収益率が長期的に上昇しつづけているのかどうかを確かめてみよう。

一九九八年の〈ムーディーズ〉の1株あたり税引後利益は41セントだった。そして、二〇〇七年の1株あたり税引後利益は、2ドル58セントまでふくらんでいた。ウォーレンは〈ムーディーズ〉という〝エクイティ・ボンド〟を1株10ドル38セントで取得しているため、初期投資額にたいする二〇〇七年度の年間収益率は、税引後で25パーセント、税引前で38パーセントになる。

一九九八年の〈アメリカン・エキスプレス〉の1株あたり税引後利益は1ドル54セントだった。そして、二〇〇八年の1株あたり税引後利益は、3ドル39セントまでふくらんでいた。ウォーレンは〈アメリカン・エキスプレス〉という〝エクイティ・ボンド〟を1株8ドル48セントで取得しているため、初期投資額にたいする二〇〇八年度の年間収益率は、税引後で40パーセント、税引前で61パーセントになる。

ウォーレンの長年のお気に入りである〈プロクター&ギャンブル〉は、一九九八年の1株あたり税引後利益が1ドル28セントだった。そして、二〇〇七年の1株あたり税引後利益は、3ドル31セントまでふくらんでいた。ウォーレンは〈プロクター&ギャンブル〉という〝エクイティ・ボンド〟を1株10ドル15セントで取得しているため、初期投資額にたいする二〇〇七年度の年間収益率は、税引後で33パーセント、税引前で49パーセントになる。

一九七二年、ウォーレンは2500万ドルで〈シーズ・キャンディ〉を丸ごと買収した。二〇〇七年の同社の税引前利益は8200万ドル。つまり、〈シーズ・キャンディ〉という〝エクイティ・ボンド〟の場合、初期投資額にたいする二〇〇七年度の年間収益率は、税引前で328パーセントに達しているわけだ。

これらの優良企業では、永続的競争優位性の働きによって、年を追うごとに利益が増大し、この利益がビジネスの根源的価値をふくらませてきた。そう、株式市場が価値の向上を認識するまでには、ある程度の時間を覚悟しなければならないだろうが、市場による認識はいつか必ず発生する。ウォーレンは何度も何度もこの〝発生〟を見込んできたのである。

No.56

ウォーレンが歩んだ超リッチへの道

前にも触れたとおり、一九八七年、ウォーレンは〈コカ・コーラ〉の株を買いはじめた。平均取得価格は1株あたり6ドル50セント、1株あたり税引前利益は70セント、1株あたり税引後利益は46セントだ。歴史を振り返ると、〈コカ・コーラ〉の収益は過去10年間、年率およそ10パーセントで成長を続けてきていた。

これらの数字を踏まえたとき、ウォーレンは次のように主張を展開できた。〈コカ・コーラ〉という〝エクイティ・ボンド〟を買うことは、開始時の税引前利益率が10・7パーセントの投資に、6ドル50セントを注ぎ込むことと同じである。そして、開始後の利益は長期間にわたり年率10パーセントで増加しつづける可能性が高い、と。

もしも一九八七年の時点で、今後も純利益が年に10パーセントずつ伸びつづけると見込めていれば、ウォーレンは次のように主張を展開できた。

二〇〇七年度の〈コカ・コーラ〉の1株あたり税引前利益は4ドル35セント、1株あたり税引後利益は2ドル85セントになり、〈コカコーラ〉の〝エクイティ・ボンド〟

の初期投資額にたいする年間収益率は、税引前で66パーセント、税引後で43パーセントになる、と。

では、一九八七年に1株6ドル50セントで購入し、二〇〇七年に66パーセントの収益を生む〝エクイティ・ボンド〟は、一九八七年時点でいくらの価値があったのだろうか?

割引率(現金の将来価値を現在価値に換算するための係数)をどの値に設定するかで、計算結果は変わってくる。7パーセントの割引率――過去の長期金利を考えると妥当な数字――を採用すれば、割引後の価値はおよそ17パーセントになる。平均取得価格の6ドル50セントに0・17を掛けると1ドル11セント。これに、一九八七年の〈コカ・コーラ〉の株価収益率(PER)である14を掛けると、1株15ドル47セントという数字がはじき出される。

つまり、一九八七年当時のウォーレンは、次のように主張できたわけだ。20年間の保有を前提にするなら、1株6ドル50セントで買える〈コカ・コーラ〉という〝エクイティ・ボンド〟は、現時点で1株15ドル40セントの本質価値を持っている、と。

二〇〇七年まで〈コカ・コーラ〉の税引前利益は年率9・35パーセントで成長しつづけ、二〇〇七年度の1株あたり税引後利益は2ドル57セント、1株あたり税引前利益は3ドル96セントになった。つまり、ウォーレンは次のように主張を展開できるわけだ。〈コカ・コーラ〉の〝エクイティ・ボンド〟は、現在、初期投資額の6ドル50セントにたいして、3ドル96セントの税引前利益を稼ぎ出しており、年間収益率は、税引前で60パーセント、税引後で40パーセントになる、と。

すでに述べたが、二〇〇七年の株式市場は、ウォーレンが所有する〈コカ・コーラ〉の〝エクイティ・ボンド〟を、1株45ドルから64ドルの範囲で評価した。そして、〈コカ・コーラ〉の二〇〇七年度の1株あたり税引前利益の3ドル96セントと、二〇〇七年の企業向け長期金利の6・5パーセントから、〈コカ・コーラ〉の〝エクイティ・ボンド〟の収益還元価値を計算すると、1株あたり約61ドルという数字がはじき出される（3ドル96セント÷0・065＝60・92ドル）。この数字は、二〇〇七年の〈コカ・コーラ〉の株価、45ドルから64ドルの範囲にぴたりと収まっている。

二〇〇七年の株式市場が〈コカ・コーラ〉の〝エクイティ・ボンド〟を64ドルと評価したなら、ウォーレンは初期投資額を年率12・11パーセントの非課税複利で運用してきたことになる。これは、利子課税を猶予された年利12・11パーセントの債券とみなしてかまわない。しかも、毎年の12・11パーセントの利息は、同じ債券の買い増しに再投資されていくのだ。

もちろん、将来〝エクイティ・ボンド〟を売却すれば、税金の支払いを逃れることはできない。しかし、〝エクイティ・ボンド〟を売らず、年間12・11パーセントの収益を稼ぎ出すだけなら、次の年も、その次の年も、そのまた次の年も、税金を払う必要はないのである。

そんな虫のいい話があるのか？　実際、ウォーレンが保有する〈バークシャー・ハサウェイ〉株は、およそ640億ドルの含み益を抱えているが、それにたいする税金はまだ1セントも払われていない。世界史上で最も巨大な私有財産が蓄積されてきたのに、税務署員の手にはまだ1セントも渡っていないのだ。

これ以上においしい投資が存在するだろうか？

No.57 ウォーレンはどのように優良企業の株の買い時を決めているのか

ウォーレンの世界では、投資開始時の取得価格が、投資のリターンに直接影響を与える。永続的競争優位性を持つ企業を、〝エクイティ・ボンド〟の一種とみなす以上、初期の取得価格が高ければ高いほど、開始時の収益率は低くなり、初期投資額にたいする10年後の収益率も低くなる。

実例を見てみよう。一九八〇年代末、ウォーレンは〈コカ・コーラ〉の株を買いはじめた。平均取得価格は1株あたり6ドル50セントで、1株あたり税引後利益は46セントだから、ウォーレンの世界では、開始時の収益率は7パーセントになる。二〇〇七年度の1株あたり税引後利益は2ドル57セント。この数字を踏まえ、ウォーレンは次のように主張を展開できる。

現在、〈コカ・コーラ〉の〝エクイティ・ボンド〟は、初期投資額の6ドル50セントにたいして、2ドル57セントの利益を稼ぎ出しており、これは39・5パーセントの収益率に相当する、と。

しかし、もしもウォーレンが一九八〇年代末に、〈コカ・コーラ〉株を1株21ドルで取得していたら、投資開始時の収益率は2パーセントになり、二〇〇七年度の収益率も12パーセントにとどまる（2ドル57セント÷21ドル＝12パーセント）。39・9パーセントと比べると、この数字は魅力的とは言えない。

永続的競争優位性を持つ企業の株を買うさいには、仕入値が安ければ安いほど、長期投資としての結果が向上する。そして、ウォーレンはすべてを長期で考える人なのである。しかしながら、現実は旧弊なグレアム派の考え方とちがって、優良企業の株がバーゲン価格で売りに出されることはほとんどない。実際、グレアムのバリュー理論を信奉する投資運用担当者たちは、あまりにも株価が高すぎるとして、〝スーパースター企業〟の株を決して所有しないのである。

では、優良企業の株をいつ買えばいいのだろうか？　まず第一は、弱気相場を狙うことだ。優良銘柄は〝弱気相場の大特価〟でも、ほかの銘柄ほど割安にならないが、長い目で見れば、この価格水準でも充分に良い取引ができる。また、永続的競争優位性を持つ企業もたまには、ヘマをやらかしたり愚行を犯したりして、短期的に株価の下落を招く場合がある。〝ニュー・コーク〟の大失敗がいい例だ。ウォーレンも言っているように、優良企業が解決可能な一時的トラブルに直面したとき、願ってもない買い時が向こうからやって来る。ただし、このトラブルは〝解決可能〟でなければいけない。

逆に、〝スーパースター企業〟を見送るべきときもある。それは、強気相場の絶頂期だ。株式相場が過熱すると、優良銘柄の株価は急上昇し、株価収益率が歴史的な高倍率をつける。たとえ、永続的競争優位性を持っている企業に投資しても、法外な参入コストを支払ってしまえば、初期投資にたいする収益率は低空飛行を続けざるをえないのである。

No.58

ウォーレンはどのように売り時を決めているのか

ウォーレンの世界では、永続的競争優位性が失われないかぎり、〝スーパースター企業〟の株を手放すことはない。理由は単純明快。長く保有すればするほど、より大きな利益を得られるからだ。そのうえ、素晴らしい投資先を売却することは、税務署員にパーティの招待状を送ることにひとしい。税務署員をパーティに招きすぎる人は、超リッチになれる確率がきわめて低い。

ウォーレンの持株会社〈バークシャー・ハサウェイ〉は、永続的競争優位性を持つ企業に投資を続け、現在では360億ドルの含み益を抱えている。しかし、この巨万の富にたいして、ウォーレンはまだ1セントの税金も払っていない。今までどおりのやり方を続けるなら、将来も払う必要はないのである。

とはいえ、〝スーパースター企業〟を売却したほうが、保有しつづけるよりも有利な場合もある。第一に考えられるのは、もっと優良な企業をもっと有利な価格で買うチャンスが訪れ、資金調達のために現有の優良企業の株を売る場合だ。このような状況は折に触れて発生する。

ふたつめは、現有の優良企業が永続的競争優位性を失いそうな場合。このような状況も周期的に発生する。例をあげるなら、新聞社とテレビ局だ。新聞とテレビは優良なビジネスだったが、インターネットの登場により、突如として永続的競争優位性が疑わしくなってきた。競争優位性に疑問符がつく企業は、安心して長期投資を行なえる場所とは言いがたい。

三つめは、株式バブルが発生した場合。常軌を逸した上げ相場では、優良企業の株価が天井を突き破り、ビジネスの真の経済性をはるかに上まわる水準に達する。そしてこの〝ビジネスの真の経済性〟は、株価が成層圏という限界を超えて上昇したあとには、重力のように株価を地表まで引きずりおろす効果があるのだ。株価が高くなれば高くなるほど、現有銘柄を持ちつづけるうまみは相対的に小さくなっていく。なぜなら、株をいったん高値で換金して、より有利な案件に再投資するほうが、将来の利益を極大化できるからだ。

次のような状況を考えてみてほしい。現有企業が今後20年間で1000万ドルの利益をもたらすと予測されるとき、500万ドルで企業を丸ごと買収したいという申し出があった。果たしてこの申し出を受けるべきだろうか？

売却代金の５００万ドルを、年率２パーセントの複利で運用するつもりなら、受けるべきではない。なぜなら、５００万ドルを年率２パーセントの複利で20年間運用しても、７４０万ドルにしかならないからだ。しかし、年率８パーセントの複利で運用できるなら、５００万ドルは20年後に２３００万ドルまでふくらむ。これなら、現有銘柄を売却して乗り換えるほうが、ずっとおいしい取引に見えてくる。

ルールは単純明快だ。〝スーパースター企業〟の株が高騰し、株価収益率が40倍以上になったら、売却を検討する潮時だと考えればいい。

しかし、現有銘柄をうまく売り抜けられたとしても、株式バブルが続いているあいだに、あわてて株価収益率が40倍以上の企業に乗り換えるべきではない。しばらくは投資を休み、財務省証券に資金を避難させ、次の弱気相場の到来を待つのだ。弱気相場は必ず訪れるのだから、待っていさえすれば、願ってもない買いのチャンスが向こうから転がり込んでくるだろう。そのときが来たら、途方もない永続的競争優位性を持つ企業を、長期的に自分を超リッチにしてくれる企業を、思う存分買いまくればいいのである。

ウォーレン・バフェットと同じように。

永続的競争優位性を持つ企業の損益計算書モデル

（単位は100万ドル）

項目	金額
・売上高	28857
・売上原価	10406
・売上総利益（粗利益）	18451

営業経費	
・販売費および一般管理費	10220
・研究開発費	0
・減価償却費	1107
・営業利益	7144

項目	金額
・支払利息	456
・資産売却益／資産売却損（特別利益／特別損失）	1275
・その他	50
・税引前利益	7913
・法人税（納税充当金）	2769
・純利益	5144

永続的競争優位性を持たない企業の損益計算書モデル

（単位は100万ドル）

項目	金額
・売上高	172455
・売上原価	142587
・売上総利益（粗利益）	29868

営業経費	
・販売費および一般管理費	20170
・研究開発費	5020
・減価償却費	6800
・営業利益	-2122

項目	金額
・支払利息	10200
・資産売却益／資産売却損（特別利益／特別損失）	402
・その他	35
・税引前利益	-11955
・法人税（納税充当金）	0
・純利益	-11955

永続的競争優位性を持つ企業の貸借対照表モデル

（単位は100万ドル）

資産の部	
項目	金額
流動資産	
・現金および短期投資	4208
・棚卸資産合計	2220
・売掛金、純額	3317
・前払費用	2260
・その他流動資産、総額	0
●流動資産合計	12005
長期性資産	
・土地および生産設備	8493
・のれん代、純額	4246
・無形資産、純額	7863
・長期投資	7777
・その他長期性資産	2675
●長期性資産合計	31054
資産合計	43059

負債の部	
項目	金額
・買掛金	1380
・未払費用	5535
・短期借入金	5919
・長期借入金満期分	133
・その他流動負債	258
●流動負債合計	13225
・長期借入金	3277
・未払法人税	1890
・少数株主持分	0
・その他負債	3133
●長期負債合計	8300

純資産の部	
項目	金額
・優先株	0
・普通株	1296
・資本剰余金	7378
・内部留保	36235
・自己株式、普通株	-23375
●純資産合計	21534
負債・純資産合計	43059

永続的競争優位性を持たない企業の貸借対照表モデル
（単位は100万ドル）

資産の部	
項目	金額
流動資産	
・現金および短期投資	28000
・棚卸資産合計	10190
・売掛金、純額	69787
・前払費用	260
・その他流動資産、総額	5
●流動資産合計	108242
長期性資産	
・土地および生産設備	40012
・のれん代、純額	736
・無形資産、純額	333
・長期投資	43778
・その他長期性資産	22675
・その他資産	5076
●長期性資産合計	112610
資産合計	220852

負債の部	
項目	金額
・買掛金	22468
・未払費用	5758
・短期借入金	32919
・長期借入金満期分	920
・その他流動負債	258
●流動負債合計	62323
・長期借入金	133277
・未払法人税	5890
・少数株主持分	0
・その他負債	3133
●長期負債合計	142300

純資産の部	
項目	金額
・優先株	150
・普通株	880
・資本剰余金	7378
・内部留保	7821
・自己株式、普通株	0
●純資産合計	16229
負債・純資産合計	220852

用語解説

●AAAの格付

〈スタンダード&プアーズ〉の最上級の格付。企業の財務健全性の度合いを示す。

『AAA以上の格付は存在しない。この格付を与えられるのは優良企業である』

●売掛金勘定

企業が売った製品の代金のうち、まだ回収されていないもの。

『売掛金勘定を多く抱えているのは良いことだが、現金を多く抱えているほうがもっと良い』

●減価償却費累積額

資産の減価償却費の総額、もしくは価値減少分の総額。

『減価償却費を含め、会計士はすべてを記録に残したがる。減価償却費累積額という巨大なゴミ箱を探れば、企業の資産がどれだけ減価償却されたのかをチェックできる』

●なし崩し償却

基本的には減価償却と同じだが、のれん代や特許のような無形資産に用いられる。

『減価償却は製造工場のような有形資産に適用される。特許は実際に減耗しないため、特許にかかった費用は、複数年に分けて（なし崩し的に）経費として計上される』

●資産

将来の収益創出に用いられるであろう企業の所有物。

『資産を大量に所有するのは良いことである。大金を稼ぎ出せる資産を大量に所有するのは、もっと良いことである』

●貸借対照表

決算期の最終日など、特定の日付における企業の資産、負債、純資産の概要。

『貸借対照表はしばしば、特定の日付における企業の財政状況を、スナップ写真のように切り取ったものであると説明される。通期や四半期の貸借対照表というものは存在しない。貸借対照表が教えてくれるのは、企業が何を持っているか、企業が何を借りているかという点だ。前者から後者を引けば、企業の正味価値が算出される』

●債券

長期負債を証券化したもの。

『永続的競争優位性を持つ企業

は、たいていの場合、巨額の借金をしないため、巨額の債権残高も抱えていない。巨額の借金をしないのは、良いことである』

● 純資産（帳簿価額）

企業の資産合計から負債合計を引いたもの。この数字を発行済み株式総数で割れば、1株あたり純資産が算出される。自己資本、株主資本ともいう。

『純資産の増加は良いことである。純資産の減少は悪いことである』

● 資本的支出（設備投資）

企業インフラの新設もしくは更新のために、毎年支払われる費用の総額。

『永続的競争優位性を持つ企業は、資本的支出が低くなる傾向にある』

● キャッシュフロー

特定期間内に企業が創出するキャッシュの総量。企業のキャッシュフローは、キャッシュフロー計算書で追跡することができる。

● 普通株

企業の所有権を証券化したもの。普通株の持ち主は、取締役の選任権と配当の受給権を持ち、会社が売却された場合には、負債清算後の収益を手にすることができる。

『ウォーレンは企業の普通株を買うことで金持ちになった』

● 競争優位性

ライバル社にたいする強み。これがあると、競合他社よりも大きな利益をあげられる。

『企業が多くのキャッシュを稼げば稼ぐほど、株主の満足度は大きくなる。ウォーレンが興味を示すのは、長期間持続可能な競争優位性を持つ企業だけである』

● 売上原価

特定期間内の棚卸資産の販売にかかったコスト。もしくは、原材料の調達と最終製品の生産にかかったコスト。

『売上高に占める売上原価の割合が低いのは、良いことである。高いのは悪いことである』

● 流動資産

資産（価値あるもの）のうち、現金もしくは1年以内に現金化される予定のもの。貸借対照表上の流動資産には、現金、現金同等物、売掛金、棚卸資産、前払費用が含まれる。

●流動負債
1年以内に返済すべき金。

●流動比率
流動資産と流動負債の比率
『永続的競争優位性を持つ企業を探す際、流動比率はほとんど役に立たない』

●減価償却
有形資産は使用によって損耗していく。この資産の損耗分は、減価償却費として財務諸表に計上される。

●永続的競争優位性
ライバル社にたいする長期間持続可能な競争優位性。

『これは、ウォーレンの成功の秘訣であり、あなたが本書を読んでいる理由でもある』

●ＥＢＩＴＤＡ
〝利払・税引・減価償却前利益〟の略。

『収益を生み出せない企業は、ＥＢＩＴＤＡが大のお気に入りである。ウォーレンはＥＢＩＴＤＡを相手にしていない。経営陣がＥＢＩＴＤＡについて語るような企業は、永続的競争優位性を持っていないとみなしていい』

●財務諸表
貸借対照表と損益計算書とキャッシュフロー計算書の総称。

『財務諸表には宝の隠し場所が書かれている。しかし、ビジネスの実情を本気で理解したいなら、数年分の財務諸表をチェックする必要がある』

●のれん代
純資産を超える分の資産価値。

『1株あたり純資産が10ドルの企業を1株15ドルで買収した場合、買収した側の財務諸表には、超過分の5ドルがのれん代として記載される』

●粗利益率
売上高に占める利益の比率。

『高いほど良い。永続的競争優位性を持つ企業は、高い粗利益率を示す傾向がある』

●粗利益（売上総利益）
製品の販売から生じる利益。売上高から売上原価を引けば粗利益が弾き出される。

『ほかの数字に惑わされず、粗利益を重視するほうがいい』

●損益計算書
特定期間内の企業の収入と支出をまとめた計算書
『1年分の損益計算書からわかることはほとんどない。永続的

競争優位性を持つ企業を本気で見つけたいなら、5年から10年分の損益計算書をチェックする必要がある』

● 無形資産

特許権や著作権のように、物理的に触ることはできないが、利益を創出することができる資産。

『無形資産は、法律によって守られる独占状態と言い換えられる。永続的競争優位性の一種であると考えてもいい。特許権の唯一の問題は、最終的に効力が切れ、法の庇護を失うことだ。特許権が切れると、世界じゅうのあらゆる企業が当該製品を作れるようになり、特許権から生じていた永続的競争優位性は消え去る。ウォーレンが製薬企業に手を出さなかったのは、この理由による』

● 支払利息

長期借入金と短期借入金にたいして企業が支払った利息。

『永続的競争優位性を持たない企業は、大量の借入金を抱え、大量の利息を支払っていることが多い。永続的競争優位性を持つ企業は、借金をする必要がないため、支払利息は少額もしくはゼロのことが多い』

● 棚卸資産

将来、顧客に売却される完成品もしくは半完成品。

『売上が減少する一方で、棚卸資産が増加している企業は、要注意だ』

● レバレッジ

企業の自己資本と他人資本の比率。

『高倍率のレバレッジを長期間継続する企業は、多くの場合、永続的競争優位性を持っていない』

● 負債

他者に対する企業の支払義務

『企業の負債は貸借対照表に記載されている。負債の存在は良いことではない。企業は可能なかぎり負債を小さくする努力をしなければならない』

● 長期借入金

1年超あとに支払期限を迎える借入金

『永続的競争優位性を持つ企業は、ほとんどの場合、長期借入金が少額もしくはゼロである』

● 凡庸なビジネス

永続的競争優位性を持たず、激しい競争の圧力に苦しむ企業。

『このような企業にかかわると、

あなたは長期的に貧乏になる』

● 純利益

売上高からすべてのコスト、経費、税金を差し引いたあとの利益。

『純利益は多いほど良い。この数字に一貫性があればあるほど、当該企業に永続的競争優位性が存在する可能性は高くなる』

● 営業経費

商品の製造と直接関わりがない事業運営コスト。

『低いほど良い』

● 営業利益

現行の事業活動から生じる利益。支払利息と税金を差し引く前の純利益とも言い換えられる。EBIT（利払・税引前利益）という呼び方もある。

● 発行済み株式

投資家が所有する株式資本。自己株式は除外されるが、会社役員やインサイダーが所有する制限株式は含まれる。

『純利益が増加していないにもかかわらず、長年にわたって発行済み株式総数が激増している場合は、凡庸なビジネスの実態を取り繕う目的で、新株発行による資本増強が行なわれている可能性が高い。ウォーレンは常に凡庸なビジネスとは距離を置いている』

● 優先株

議決権がない代わりに特別な配当を受け取れる株式資本。

『永続的競争優位性を持つ企業は、優先株を発行しない傾向がある』

● 前払費用

当該会計期間内に便益をもたらす費用のうち、当該会計期以前、もしくは当該会計期冒頭に支払われたもの。これは流動資産に分類される。

● 研究開発費

新製品を創出・改善するため、特定期間内に企業が支出した費用の総額。

『永続的競争優位性を持つ企業は、研究開発費が少額もしくはゼロである可能性が高い』

● 内部留保

企業の純利益のうち、配当に充てられなかった分の累積額。

『内部留保の着実かつ長期的な増加は、永続的競争優位性を持つ企業の特徴のひとつである』

● 株主資本利益率（自己資本利益率）

企業の純利益を純資産で割った

もの。

『永続的競争優位性の有無を見定める際、ウォーレンが用いている指標のひとつ。数値が高いほど良い』

売上高

企業が製品やサービスを売って得た現金もしくは売掛金。

『会計はすべて売上高から始まるが、この数字だけでビジネスを評価すべきではない。ただし、あなたがウォール街で働いていて、収益力のない企業を一般大衆に売りつけたい場合は、このかぎりではない』

ＳＧＡ費

〝販売および一般管理費〟の略。当該決算期間内にかかった直接間接の販売経費と、あらゆる一般経費および管理経費を合算したもの。ここには、経営陣の報酬、宣伝費、旅費、弁護士費用、手数料、従業員給与などが含まれる。

『低いほど良い』

自己株式（金庫株）

発行元の企業によって買い戻された普通株。自己株式には議決権と配当受給権がない。発行済み株式総数を計算する際、自己株式は除外されなければならない。

『自己株式を保有する企業は、永続的競争優位性を持っている可能性がある』

過小評価された企業

株式市場において、ビジネスの長期的価値よりも低い株価がつけられている企業。

『ベンジャミン・グレアムは過小評価された企業を買うことで百万長者になった。ウォーレン・バフェットは永続的競争優位性を持つ企業を買うことで億万長者になった』

謝　辞

長きにわたって親切と寛容と叡智を示してくれたウォーレン・バフェットに、わたしたちは大きな借りがある。感謝を１００万回述べても、この借りは返せないだろう。本書を〈スクリブナー〉から出版できたことは僥倖《ぎょうこう》だった。とりわけ発行人のスーザン・モルダウとロズ・リッペルには感謝を表したい。本書を執筆するにあたり、彼らはわたしたちに大きな自由を与えてくれた。偉大な編集者にしかなしえない〝最後の仕上げ〟をしてくれたロズには、特別な感謝を捧げておきたい。トム・ダッセルにも感謝の意を表する。彼は海外の出版社との交渉をうまくまとめてくれた。

引退したわたしたちの担当編集者、エリナー・ローソンにも感謝を表する。彼女はわたしたちの処女作『バフェットロジー』を出版するという先見の明を持っていた。

わたくしメアリー・バフェットは、人生で最も大切な人々、すなわち家族に本書を捧げる。わたしの子供たち、エリカとニコールとサムは、最大の愛と幸せをもたらし、毎日わたしに誇りを与えてくれる。姉妹のドロシー・マンリーとローラ・サーモンズにも感謝したい。ドロシーは楽しいときも苦しいときも、わたしを受け止めてくれた。

生きることをめいっぱい謳歌しているローラは、今もわたしにとっては人生のお手本である。義理の兄弟に当たるジム・マンリーは、完璧を求めるなら実践あるのみ、という教訓をいつもわたしに植えつけてくれる。

以下の人々にも感謝の意を表する。わたしが知っている愛すべき人の中で最も親切な〝ジャスト〟・ジョー・キャンベル。わたしの世界を常にてんてこ舞いさせてくれる親友ジョスリン・スキナー。冒険好きな真の友人リチャード・バングズ。並はずれた忠告と友情をもたらしてくれるスコット・ダガット。いつもわたしを信じて手を差し伸べてくれるリタ・ワトニックとマイケル・ストイラ。素晴らしい精神を持ち合わせている新しい友人ボブ・マケルウィー。環境メディア協会の会長としての重責を果たしながら、わたしへの友情も忘れないデビー・レヴィン。わたしの〝まさかのときの友〟ケン・スプラットフォード。いつもわたしを受け入れ、正気を保たせてくれるジェイノス・カラ。知り合いの女性の中で最も頭が良く、わたしの共同ブログ開設者でもあるジェイ・ヒル。毎日わたしをインスパイアしてくれる偉大な音楽家兼作曲家、〝ジョイ〟の別名で知られるケン・ハンキンズには特別の感謝を捧げたい。

デビッド・クラークからは、以下の人々への謝意が届いている。いつも愛を与えてくれるケイトとデクスター。素晴らしい兄弟のサムとアンディー。常に素晴らしい友情を示してきてくれたシンディー・コノリーとボブ・アイゼンバーグ。いつもコーヒーの誘いに応えてくれた芸術家のテリー・ローゼンバーグとスティーヴ・ジョイ。意義のある会話を山ほどしてくれた映画制作者のアレクサンダー・ペイン。ベティアナとミアをわたしたちの人生に招き入れたことを含め、数えきれないほどの借りがあるトッド・サイモン。

ワイオミング州の弁護士ジェリー・スペンスにも、デビッドは感謝を表している。デビッドは長きにわたり、ジェリーから深い友情と有益な指導を受けてきた。ジェリーは最高におもしろい親友である、とデビッドは語っている。

最後の締めくくりとして、わたしたち両名はベンジャミン・グレアムに感謝を捧げる。彼が木を植えてくれたからこそ、後進のみんなが木陰で休めるのである。

訳者あとがき——バフェット流なら不況こそ絶好のチャンス

『バフェットの教訓』の続編を待望していたみなさん、おまたせいたしました！　本シリーズを初めて手に取ったみなさん、バフェットの世界へようこそ！

二〇〇八年、とうとうウォーレン・バフェットがやってくれました。『バフェットの教訓』が出版された直後、長年首位をキープしてきた親友のビル・ゲイツを押しのけ、《フォーブス》誌の世界長者番付の第一位に堂々と輝いたのです。もちろん、本人は世界一を目指してなどいなかったでしょうし、このような称号を喜んでもいないでしょうが、全地球レベルで高まったバフェットの知名度は、彼の投資哲学と人生哲学を世に知らしめるという意味で、間違いなく各方面に良い影響を及ぼしました。前作『バフェットの教訓』もより多くの方々の目に触れたはずですし、バフェット式の投資手法を採用したおかげで、今回の金融危機で痛手をこうむらずにすんだ人も少なからずいるはずです。

それにしても、バフェットが世界一の座についた二〇〇八年は、世界経済にとって激動の年となりました。一九二〇年代の大恐慌以来、百年に一度と言われるほどの危機が勃発し、世界の金融システムの破綻はまぬがれたものの、全地球規模の経済悪化はとどまるところを知りません。サブプライム問題に端を発し、〝リーマン・ショック〟で爆発した未曾有の事態が、バフェットにどのような影響を及ぼすかはまだわからないものの、テレビや新聞などの報道を見るかぎり、モノライン（金融保証会社）の救済策を提案したり、傘下の〈ウェルズ・ファーゴ銀行〉を通じて〈ワコビア銀行〉を救済合併したりと、バフェットは精力的に活動をつづけているようです。

『バフェットの教訓』からの読者のみなさんには、耳にたこができるような話かもしれませんが、ここで簡単にウォーレン・バフェットの経歴を紹介させてください。

バフェットは一九三〇年生まれの七十八歳（二〇〇八年十二月現在）。幼いころから商才をかいま見せ、バリュー投資の祖であるベンジャミン・グレアムに師事し、独自の投資哲学で大成功を収めてきました。現在は、投資家、慈善家、〈バークシャー・ハサウェイ〉社のCEOという三つの顔を持ち、〝オマハの賢人〟の敬称が示すように、ウォール街から遠く離れたネブラスカ州オマハで活動を行なっています。〈バークシャー・ハサウェイ〉は投資持株会社です。買収した〈ネブラスカ・ファニチャー・マート〉などを子会社として所有し、購買した〈コカ・コーラ〉や〈ワシントン・ポスト〉などの株を保有しています。バフェットが買収した当時の〈バークシャー〉は繊維業を営んでいましたが、本業の立て直しを断念し、投資持株会社という形態に特化したわけです。本文中では、〝バフェットが企業を買った〟〝バフェットが株に投資した〟というような表現が出てきますが、正確に言えば、〈バークシャー〉CEOのバフェットが〈バークシャー〉の業務として企業や株を買っているのであって、バフェット個人が〈コカ・コーラ〉などの株を持っているのではありません。じっさい、バフェットの資産の大部分は、〈バークシャー〉社自体の株なのです。

また、本文中では、企業を丸ごと買収する場合でも、企業の株を市場で購買する場合でも、〝企業を買う〟という表現が使われています。全体か一部かの違いはあれ、ビジネスの所有権を獲得することに変わりはないからです。実際バフェットは、株を買うことはビジネスの一部を買うことに等しい、という趣旨の発言を好んでしています。

本書の著者であるメアリー・バフェットとデビッド・クラークは、〝バフェットロジー〟と呼ばれるウォーレン・バフェット研究の第一人者です。本書の目的は、一般に難解だとして敬遠されがちな財務諸表を、〝バフェットロジー〟的視点で簡単に読み解くこと。ふつうの財務諸表のガイド書とちがって、本書はバフェットが重視する項目をくわしく解説する一方、バフェットが軽視する項目にはページを割いていません。本書が〝初心者にもわかる財務諸表の読み方〟を標榜しているのに対し、前作『バフェットの教訓』は人生にも応用できる投資の教訓を多数取りあげています。本書と『バフェットの教訓』をあわせて読めば、一＋一を三にも四にもできると思いますので、ぜひともお試しを。

本文中にあるとおり、『困難な時代がやってきたときに、現金が最大の武器となることを、ゆめゆめ忘れてはならない。自分が現金を持っていて、ライバルが持っていなければ、わたしたちは世界を支配できる』のです。きっとバフェットは今ごろ、超弱気相場で過小評価された優良ビジネスの株を、思う存分買いまくるための準備をしているのではないでしょうか。わたしたちもこういう立場になってみたいものです。

現在、本文中で〝凡庸な企業〟の代表とされた〈GM〉をはじめ、多くの企業が業績の下方修正、赤字への転落、経営の危機などに見舞われつづけています。しかし、このような状況下でも、本書を使ってバフェット式に財務諸表を解読すれば、永続的競争優位性から好業績を引き出している企業や、永続的競争優位性によって一時的苦境を乗り越えられる企業を見つけ出せるはずです。

この日本でも、今回の金融・経済危機のさなかに、ネット証券会社の新規口座開設数が伸びていると聞きます。どうやら我が国でも賢明な投資家層が着実に育ってきているようです。その他大勢の投資家たちが賢くなりすぎると、バフェットの活躍の余地がなくなってしまうかもしれませんが……。

最後に、投資はあくまでも常識と自己責任の範囲内でお願いします。

二〇〇九年二月

峯村利哉

〔訳者略歴〕
峯村利哉（みねむら・としや）
1965年生まれ。青山学院大学国際政治経済学部国際政治学科卒。英米の翻訳で活躍。
主な訳書：メアリー・バフェット＆デビッド・クラーク『史上最強の投資家バフェットの教訓』、ドナルド・トランプ『大富豪トランプのでっかく考えて、でっかく儲けろ』、ウィリアム・ユーリー『最強ハーバード流交渉術』、ズビグニュー・ブレジンスキー『ブッシュが壊したアメリカ』（以上、徳間書店）ほか。

史上最強の投資家
バフェットの財務諸表を読む力
大不況でも投資で勝ち抜く58のルール

第１刷——2009年３月31日
第15刷——2025年６月５日

著　者——メアリー・バフェット＆デビッド・クラーク
訳　者——峯村利哉
発行者——小宮英行
発行所——株式会社徳間書店
〒141-8202
東京都品川区上大崎3－1－1　目黒セントラルスクエア
電話　編集(03)5403-4344　販売(049)293-5521
振替00140-0-44392
印　刷——本郷印刷株式会社
カバー印刷——真生印刷株式会社
製　本——大口製本印刷株式会社

ISBN978-4-19-862705-8

バフェットの教訓

メアリー・バフェット&デビッド・クラーク
峯村利哉［訳］

世界で最も成功した投資家ウォーレン・バフェット。叡智に満ちた彼の言葉は多くの投資家を励まし続けている。本書は、逆風の時でもお金を増やすための知恵を125収録。

タートル流投資の魔術

カーティス・フェイス
楡井浩一［訳］

伝説のトレーダー集団の最高エリートが、門外不出のタートル流を初公開。年平均100パーセントの驚異のリターン、常勝無敗を誇る投資術のすべてを明かす。

ならず者の経済学

ロレッタ・ナポレオーニ
田村源二［訳］

経済パニックの裏側で、大儲けして嗤っている奴らがいる。一体それは誰で、彼らはいかにして暴利を貪っているのか。暴走する世界経済にうごめく「ならず者経済」の実態を暴く。

アメリカ後の世界

ファリード・ザカリア
楡井浩一［訳］

アメリカ一極支配が終焉し、その他すべての国が台頭する！　気鋭のインド人ジャーナリストが非西洋の視点から、混迷の世界情勢を分析し、アメリカと世界の行く末を予言する。

世界を不幸にしたグローバリズムの正体

ジョセフ・E・スティグリッツ

鈴木主税［訳］

二〇〇一年ノーベル賞経済学者スティグリッツがアメリカのエゴとＩＭＦの欺瞞を告発し人間の顔をしたグローバリズムの実現を唱える。全世界ベストセラー。

人間が幸福になる経済とは何か

ジョセフ・E・スティグリッツ

鈴木主税［訳］

クリントン政権の経済諮問委員長として経済立て直しに取り組んだスティグリッツ。気鋭のノーベル賞学者が90年代のバブル経済を検証し、21世紀のあるべき経済の姿を探る。

世界に格差をバラ撒いたグローバリズムを正す

ジョセフ・E・スティグリッツ

楡井浩一［訳］

自由化と民営化を旗頭にしたグローバル化がもたらしたのは、世界規模の格差社会だった。一体これはなぜなのか。アメリカの横暴を告発し、グローバル化のあるべき姿をしめす。

世界を不幸にするアメリカの戦争経済

ジョセフ・E・スティグリッツ

楡井浩一［訳］

原油高もサブプライム問題もすべてイラク戦争が原因だった。実りなき戦争に費やされた膨大な経費が、アメリカはじめ世界経済に与えた衝撃を看破する。